《鲁滨逊漂流记》

里的 **思辨阅读课**

阅读·思考·成长

多奇◎著　布谷插画◎绘

山东教育出版社
·济南·

图书在版编目（CIP）数据

《鲁滨逊漂流记》里的思辨阅读课 / 多奇著 ; 布谷
插画绘. -- 济南 : 山东教育出版社, 2025. 5. -- ISBN
978-7-5701-3603-2

Ⅰ. G634.303

中国国家版本馆CIP数据核字第2025ZP3434号

LUBINXUN PIAOLIU JI LI DE SIBIAN YUEDU KE

《鲁滨逊漂流记》里的思辨阅读课　　　　　多奇 / 著　布谷插画 / 绘

主管单位： 山东出版传媒股份有限公司

出版发行： 山东教育出版社

地址：济南市市中区二环南路 2066 号 4 区 1 号　　邮编：250003

电话：（0531）82092660　　网址：www.sjs.com.cn

印　　刷： 山东华立印务有限公司

版　　次： 2025 年 5 月第 1 版

印　　次： 2025 年 5 月第 1 次印刷

开　　本： 710 毫米 × 1000 毫米　1/16

印　　张： 12

字　　数： 110 千字

定　　价： 56.00 元

（如印装质量有问题，请与印刷厂联系调换）印厂电话：0531-76216033

目录

第一章

离家出走去冒险

本章思维训练

当理想和现实产生冲突，且自己的想法不被父母理解时，我们是该听父母的意见还是该坚持自己的选择呢？

我是谁？我是英国一个上流社会家庭里的小儿子，出生于1632年，名叫鲁滨逊。在所有人看来，我都应该去念书，学习法律，将来成为像我父亲那样衣食无忧、受人尊敬的"体面人"。可是我不这么想，从小到大，我内心始终向往着航海与冒险。父亲先是苦口婆心地劝我，说我现在所拥有的生活是多少人梦寐以求的，按照既定的轨迹去生活是多么稳妥。见我不为所动，他又说如果我一意孤行，非要出海远航，就是自取灭亡。可是蓝天大海对我来说才是充满魅力的。我们僵持了一年多。最终在1651年9月1日，我在没有知会父母的情况下，登上了一艘开往伦敦的航船。那是我的第一次航海，也是我第一次近距离直面风暴的威力。

当时海面汹涌澎湃、波浪滔天，这风浪在老手看来不算什么，但是对于我这样第一次出海的人来说，简直就是命悬一线。我第一次产生了后悔的念头，心里想着，若是能回到父亲身边，顺从他的安排，过上平安顺遂的生活该多好。可是随着风暴结束，风和日丽的到来，我后悔万分的心情也和暴风巨浪一起消退。我和那些经验丰富的老水手一起，喝酒、嬉闹，完全忘却了风暴的危险。我们在港口停留了七八天，仿佛一切从未发生。

可惜好景不长，风暴又来了。为了保住船只，我们不得

不砍断船上的前桅（wéi）和主桅，只剩下光秃秃的甲板。然而祸不单行，船舱也漏水了，无论怎样努力抽水都无济于事。船长只好不停地鸣枪求救。好在一艘路过的船冒险放下小艇来救我们。在狂风巨浪中，我们历尽千辛万苦登上了小艇。离开后不到一刻钟，就看到我们的大船沉入了水中。当我乘坐小艇上岸时，整个人已心如死灰，又惊吓又恐惧。

　　这时我有两个选择：回家，或继续航行。这次的风暴让我对航海产生了恐惧，身心俱疲。可是我怕回家后周围的人会嘲笑我。渐渐地，羞耻感战胜了恐惧感，于是我再次登上了前往非洲海岸的船！

由于和船长结下了友谊，正直无私的船长帮助我靠着买卖小玩意儿赚了一笔小钱，于是我成了一个做几内亚生意的商人。船长回到伦敦后不久便去世了，我则继续航行。

这一次我们又遭遇了海盗，我们的战斗力不如他们，几次攻防战斗后，我们最终惨败。好几个人命丧海盗之手，而我因为年轻机灵，成了海盗的奴隶。

整整两年，我一直在盘算着怎样逃跑。终于，一次主人派我跟一个摩尔人和孩子佐立一起出海捕鱼，我暗中在船上放了很多食物和火药。出发后，我伺机把摩尔人推下水，带着佐立一起出逃了。路过一处海岸时，野兽的咆哮声让我们毛骨悚然。我朝着疑似狮子的野兽放了一枪，谁知枪声引来了四面八方更加恐怖的狂呼怒吼，真让人魂飞魄散。

我们小心翼翼地沿着海岸行驶，只在取淡水时才会上岸。期间，我们打死了一只狮子，剥了皮带走。后来又遇到了一群慷慨的黑人，他们愿意给我们淡水和食物，但是我们

拼命努努力，
商人变奴隶。

都不敢靠近对方。正巧，一群长着黑斑的豹子前来抢食物，我用枪帮黑人朋友解决了野兽，却也吓到了从未见过枪的他们。我们匆忙取了水和食物就赶紧离开了。幸亏在弹尽粮绝前，我们碰到了一艘大船，总算得救了。

大船的船长留下了我的兽皮和小船，给了我一笔钱。这一次，我将带着钱前往巴西开始新生活，而佐立则愿意跟随船长，继续他们的旅程。

如果你想了解故事的全貌，就运用本章的阅读方法读一读原著吧！

《鲁滨逊漂流记》是英国作家笛福用第一人称创作的冒险小说，本章是故事的开头，你可以根据故事描述绘制主人公形象卡，了解"我"的身份背景和性格特点。

你还可以画图梳理主人公航行的轨迹并标注途中遇到的困难，这样有助于你理解故事情节。

除此之外，重点关注小说中多处心理描写，你就能了解主人公经历这些困难时的心路历程。

一边读一边给自己提问题，把这些问题记录下来，读完以后，看看这些问题你是否都找到了答案。

思思勤思考 ？

1. 鲁滨逊的身世背景如何？

鲁滨逊的父亲对他想要出海航行的梦想持的是什么态度？

2. 鲁滨逊第一次航行的大船沉没时，他的心情是什么样的？

3. 鲁滨逊登岸后面临着什么样的选择？最后他做了什么决定？

鲁滨逊登岸后的心情经历了哪些变化？请用原文的词语

梳理他心情变化的过程。

4. 鲁滨逊的<mark>第二次航行</mark>遇到了什么磨难？结果怎么样？

5. 鲁滨逊在<mark>出逃的过程</mark>中有哪些惊心动魄的遭遇？

刺激！

拓展思考

1. 本章故事中你认为鲁滨逊的航海生活有哪些特点？试着用你的话进行总结，注意要有理有据。

2. 你更支持鲁滨逊的想法还是鲁滨逊父亲的想法，为什么？说说你的理由吧。

鲁滨逊是英国一个上流社会家庭中唯一的孩子，衣食无忧，却醉心于航海与冒险。父母认为按部就班地学习法律，过安逸的生活更好，反对他去航海和冒险。尽管多次苦口婆心地劝他，他还是"执迷不悟"。

鲁滨逊不听劝告离开了家，第一次登上航船，就遭遇了风暴。获救后，他目睹了原来的船沉入海中的画面，顿时感到心如死灰。因为受到风暴的惊吓，又因为行程凶险莫测，他感到万分恐惧。这就是他第一次遇到风暴后的心情。

因此登岸后，他面临着一个选择，是回家还是继续航海。一边是刚刚经历灾难的恐惧和冲动出海的后悔，一边是对灰溜溜回家的羞耻。两种情绪交织，此消彼长。慢慢地，他淡忘了灾难给他带来的痛苦记忆，又一次向往起航海的生活，于是又选择了继续航海。

我们可以总结鲁滨逊登岸后的心路历程：恐惧——羞耻——淡忘——兴奋。

鲁滨逊第二次航行也非常坎坷，他所在的航船遭遇

了海盗。由于战斗力悬殊，他们最终战败了。很多船员都在这场战斗中丢了性命。鲁滨逊则被俘当了奴隶，被扣押在当地，不知道什么时候才能恢复自由身。

做奴隶的两年里，鲁滨逊一直在寻找机会脱身。多亏了他的机智，他取得了"主人"的信任，获得了出海捕鱼的机会。他伺机准备了充足的食物、淡水和弹药，经历了很多的波折，终于成功出逃，获得了自由之身。

而他在出逃的过程中也没少经历磨难：首先是和他一起出海的成年人带来的威胁，他不敢贸然行动。逼着那人跳海离开，他才放心。其次，他和船上的小男孩佐立碰到了漫山遍野的凶猛野兽，十分恐怖，他们还不得不靠岸去寻找淡水和食物。再者，鲁滨逊和佐立帮助当地土著居民猎杀了黑豹，引起了他们的恐惧。这些人很有可能会出于恐惧而攻击鲁滨逊，吓得他们紧急撤离，继续航行。最后，鲁滨逊和佐立面临着弹尽粮绝的风险。

恰好此时路过的一艘大船拯救了鲁滨逊和佐立。佐立跟着这位船长继续航行，而他则终于摆脱了奴隶身份，获得了自由，又用兽皮收获了一笔金钱。

鲁滨逊的航海故事还在继续，他也将迎接更多的磨难、更多的挑战。那么，你还有哪些发现与思考？把你的发现和思考写下来吧。

思思练写作

基础任务

鲁滨逊的航海经历跌宕起伏、险象环生，有没有让你心潮澎湃？你在生活中经历过哪些让你心儿怦怦跳的事情？回忆你的经历，写写曾经让你心儿怦怦跳的故事吧。你可以着重描绘让你心跳加速的瞬间。

写作提示

让你心儿怦怦跳的事情是什么呢？是比赛落了下风时的紧迫，是上台演讲被观众注视时的紧张，是说谎时的惴惴不安，是第一次学会骑自行车的兴奋……还是别的什么事情呢？

1. 回忆让你心儿怦怦跳的事件

比如：我曾第一次在同学和老师面前演讲，到现在一想起那个场景，还能让我的心儿怦怦跳呢。

2. 想想最让你心儿怦怦跳的瞬间是什么

比如：当我在空旷的舞台上慢慢走到中央，耀眼夺目的聚光灯打在我身上时，我感觉自己脸像是要被灼烧，满脸通红，明显体温升高。比灯光更耀眼的，是台下观众灼热的目光，这让我心跳像打鼓一样剧烈、迅猛。我清了清嗓子，张开嘴却发不出任何声音……

3. 那个瞬间你做了什么动作

比如：我有些慌神，情不自禁地攥紧了拳头。可是紧张还是死死地抓着我，我赶紧伸手握住话筒支架，仿佛抓住了救命稻草，趁机自我调整，暗暗对自己说："不要紧张，勇敢地上台吧！"

4. 那个瞬间周围的人有什么反应

比如：也许台下的同学们看出了我的紧张，大声地喊"加油"，我看不清他们的表情，却能够从"加油"声中感受到他们的支持和鼓励。这给了我莫大的勇气和感动，渐渐地，紧张感消失了，我觉得自己充满了信心，我一定能讲好！

5. 整个过程你的心情是怎么变化的

比如：现在回忆起来，刚开始的紧张、不安，听到"加油"声后的振奋和自信，演讲结束时的轻松和感动，都是最珍贵的回忆。

或者你还有哪些想写的，梳理一下你的写作思路，试着写一写吧。

拓展任务

鲁滨逊的梦想是出海航行，可是父亲并不认同他的梦想。他们之间产生了分歧，你认为谁对谁错呢？

如果你赞同鲁滨逊，可能是因为年轻人就应该坚持自己的梦想，可能是因为人生应该由自己决定，可能是因为孩子应该闯一闯……

如果你赞同鲁滨逊的父亲，可能是因为父亲经验更丰富，看问题更长远；可能是因为鲁滨逊的父亲说的是对的；可能是因为鲁滨逊太年轻，没有经历过风雨，因此无法准确估计他要为此付出的代价……

你有没有和父母产生矛盾和分歧的情况呢？你的想法是什么？你父母的想法又是什么呢？你认为应该听谁的，为什么呢？写一写你和父母产生分歧的经历，说一说你的看法和理由吧。注意做到有理有据，条理清晰。

写作提示

你和父母会不会产生一些分歧？比如父母认为电子游戏有害，但是你认为电子游戏对你有好处；比如假期你想要和朋友们出去旅行，但是父母认为没有家长陪伴很危险；比如父母希望你成为一名科学家，但是你更想做一名乐队主唱……

朝辞白帝彩云间~

1. 回忆你和父母因为什么事情产生了分歧

用简短的语言写清楚产生分歧的缘由。

比如：亲戚家的弟弟到我家里来，想要我的玩具，哭闹不止。我的父母就会对我说："你是大孩子了，要懂事，弟弟想要你的玩具，你就送给弟弟吧。"可是我不这么认为，所以我们发生了争吵。

2. 把你的想法和父母的想法了解清楚，如果你不太清楚父母的想法，可以试着问一问

想清楚自己的想法，同时也要写清楚父母的想法，而不是带着偏见去描述父母的想法。

比如：爸爸妈妈说："我们是主人，弟弟是客人，主人要尽量招待好客人，让客人开心，这样才是懂礼貌。而且你的玩具是旧的，已经很久不玩了，弟弟这么喜欢，不如让给弟弟。如果你还想要，爸爸妈妈可以再给你买。"可是我认为，那些玩具是我的，凭什么客人想要就一定要送呢？我才是那些玩具的主人，我说不想送，你们就应该尊重我的意见。

对不起。

玩具 5元/次

欢迎来玩，童叟无欺！

3. 说说你的观点和态度

你的观点和态度要写清楚。

比如：（1）听了父母的说法，我还是认为我是对的。

（2）听了父母的说法，我想了想，他们的说法是有道理的。

（3）听了父母的说法，虽然他们说得也有道理，但是我还是坚持自己的观点。

4. 说说你这样认为的理由

你可以表达自己的观点，也可以反驳父母的观点。把观点的理由写清楚，这样才更容易让读者赞同你的观点。

比如：（1）玩具是属于我的，他们想要把玩具送人需要经过我的同意。如果我不同意，他们就不应该答应把玩具送给客人。他们询问我，我不愿意送，就应该遵从自己的内心。如果父母真的想要买，可以给客人买个新的，而不是把我的送人。

（2）当听到爸爸妈妈没有经过我的同意就要把玩具送人的时候，我心里很不舒服。但是现在想一想，我的确没有那么喜欢那个玩具了，弟弟因为没有得到那个玩具而伤心地哭了，我愿意把玩具送给他。而且从小爸爸妈妈就教育我要懂礼貌，客人来到家里，我应该和爸爸妈妈一样，招待好客人。

注意：以上示例仅供参考，言之有理即可。

思思爱总结

本章我了解了鲁滨逊的家庭背景和他最初几次航海的惊险遭遇。

本章我感受到了航海过程的惊险，思考了鲁滨逊和他的父亲想法的分歧。

本章我完成了写作任务，把我思考的结果记录了下来。

第二章

告别巴西遭海难

本章思维训练

鲁滨逊这次可遇到了大麻烦，在巨大的风暴中，他流落到了荒岛上，有哪些条件能够保证他活下去呢？一个人想要生存下来，需要满足哪些条件呢？

由于船长的慷慨相助，我积累了一笔钱。带着这笔钱，我抵达巴西海岸，并成功购置了属于自己的种植园，种植了粮食和烟草。眼看着我就要将种植园生意越做越大，再一次走向安定和富足的生活，内心的躁动又促使我踏上了航海的旅程。

我立下了遗嘱，安排好了种植园和财产，于1659年9月1日再次登上了前往几内亚的商船。然而强烈的飓风打破了我们精心设计的航线，只能让船随波逐流。随时可能会要人性命的风暴让我们惊恐万状，更糟糕的是，同行的人接连因患热病丧命，无异于雪上加霜，甚至还有人被大浪卷到海里去，船也发生了渗漏，损坏严重……

异常凶猛的风暴中，大船早已无法按照计划航行，而我们蜷缩在甲板上，等待死亡的随时降临。大船搁浅在泥沙之中，不是沉没到海里，就是被滔天的大浪撞得粉碎，最后我们抓住一线生机，登上了一艘小艇，然而一个巨浪把小艇掀了个底朝天，我们甚至来不及喊一声"救命"。

我随着巨浪浮浮沉沉，感觉快要被憋死的时候，巨浪正好把我推上了沙滩。我还没有来得及喘息，巨浪又把我拖回了海里。每一次巨浪把我送上岸，我都拼尽全力往岸上跑，终于抓住一块岩石，战胜了巨浪想要吞没我的力量。我，活

还是小船好！

了下来。

　　起初，我欣喜若狂，在岸上狂乱地跑来跑去，手舞足蹈，庆祝自己死里逃生。紧接着，我环顾四周，情绪立刻就低落下来：我浑身湿透，又饥又饿，将来不是饿死就是被野兽吃掉。幸运的是，我先找到了淡水，吃了点口袋里的烟叶充饥，又找到了一棵大树，用香甜的睡眠缓解了身心的疲劳。

　　第二天，更幸运的是，我们乘坐的大船竟然浮出了沙滩，离岸边只有一海里。这几天我的主要任务就是到大船上搜寻必要的生存物资。

　　船上的粮食还都干燥，我一边吃一边往口袋里塞。紧接着，我找到了甘蔗酒，赶紧灌了一大杯。恢复了精神，干劲儿来了，我利用船上的桅杆和绳索，扎了一个木筏，想要用它把物资运到岛上。首先，我把能找到的食物和酒都放到了木筏上。紧接着，我挑选了几件目前要穿的衣服，然后还放上了木工工具，这是目前我最珍视的宝物，比什么金银财宝都有用。随后，我找到了枪支和弹药，它们既能防身，又能帮我获取食物。我还找到了锯、斧头和榔头，这些都是能用上的重要工具。

眼看着要涨潮了，我赶紧划着木筏把物资运回小岛。接着，我赶紧观察了小岛的地形和生物情况。小岛虽然荒凉，但好在没有大型野兽出没。我用运回来的箱子和木板给自己搭了一座简易的小房子，这样我能够安稳睡觉的问题就得到了初步解决。

第二次登船，我找到了更多有用的东西，像钉子、钳子、小斧头、磨刀用的砂轮等工具，还有更多的枪支和弹药，以及所有男人的衣服和所有的船帆。之后，我又陆陆续续登船十几次，找到了很多食品、布匹、木料和铁器。在这些实用物件面前，各式各样的钱币简直就是废物，其价值还不如粪土。

随着材料多起来，我也就能够改善我的住所了。这一次，我选择住所的条件有四个：有淡水、能遮阴、有防御作用、能看到大海。很快，我选定了一块山坡旁的地方，那里背靠凹进去的山岩，眼前是一片平坦的草地。我先修筑了高高的篱笆来保障我的安全，又把所有物资搬到了篱笆里面，紧接着搭了一个大帐篷防雨，当作住房，又在房后的岩壁上打了洞，当作地窖。

一场雷电交加的暴风雨给我提了个醒，我一定要分开放好这些火药，不然万一被雷引爆了火药，我可真就是死无葬身之地了。所以我决定把这些火药分小包收藏好。在安置这些火药的日子里，我每天带着猎枪出门，一来散心，二来狩猎食物，三来了解岛上的物产。我的食物不多，得省着点吃，不过情况还不算太糟糕，毕竟，我总算活下来了。

这都不重要，都得住荒岛……

鲁滨逊从巴西出发想要到几内亚做生意，但是遇到了大风暴，流落到了荒岛。你可以梳理鲁滨逊的心情变化，并分析他心情起伏的原因。

你还可以跟着故事的发展，总结归纳鲁滨逊做了哪些工作，获取了哪些物资，进而思考一个人想要生存得需要满足哪些条件。

一边读一边对自己提问题，把这些问题记录下来，读完以后，看看这些问题你是否都有了答案呢？

思思勤思考 ?

1. 登上巴西前往几内亚的航船，鲁滨逊一行人遭遇了哪些灾难和困境？

鲁滨逊登上荒岛后的心情经历了哪些变化，你能说说产生这些心情的原因吗？

2. 鲁滨逊多次返回大船上搜寻物资时，重点带走了哪几类物资？这些物资各有什么作用呢？

3. 鲁滨逊用什么方法把物资运回荒岛？

4.鲁滨逊选择住所的条件有哪几个?

说说鲁滨逊建造的住所有什么特点,为什么要这样建?

拓展思考

1.在鲁滨逊遭遇海难后,哪些偶然因素帮助他生存了下来?

2.请你说说看一个人想要在荒岛上生存下来,都需要哪些物资,并试着总结这些物资分别满足了人生存的什么需要。

鲁滨逊到达巴西后，购置了自己的种植园，有了属于自己的产业。然而，他没有安于现状，而是再度踏上了航海之旅。这一次他遭遇了巨大的风暴，船只偏离了设计好的航线，有人被狂风卷到了海里，还有人得了热带病丧命，船最终遭到了损坏，发生了严重的渗漏，他们好不容易登上小艇逃命，却被海浪掀翻到了海里。

鲁滨逊幸运地在滔天巨浪的袭击中存活了下来，登上了荒岛。起初，死里逃生让他欣喜若狂，感叹不可思议，庆幸自己绝处逢生。随后他环顾四周，情绪又低落下来，因为他现在又饥又饿，又没有武器，很有可能饿死或者被野兽咬死。越想越忧心如焚，愁思满腹，幸运的是他找到了淡水，这是第一个偶然，让他喜出过望。随后强烈的疲惫感让他在树上沉沉地睡了一觉，竟然没有凶猛的野兽袭击，这是第二个偶然。

第二天他乘坐的大船竟然被海浪带到了他的眼前，这是第三个偶然。他到大船上去寻找物资，当务之急是找到食物充饥；其次就是保护自己和狩猎获取食物的枪支和弹药；接着就是一些生存必需的工具，如斧子、榔头、锯子、钉子等；他还找到了男子的衣服和搭帐篷防雨用的帆布等物资。

哈哈哈，我太**富有**了！

　　大船搁浅在海中浅滩上，离岸边还有一定距离，鲁滨逊就地取材，从大船上取来木料和工具，制作成简易又笨重的木排，载着物资离开了大船。鲁滨逊没有帮手，也不能购买工具，只能最大限度地利用能够找到的物资，实现自己的目的，这就是荒野求生的本质。

　　鲁滨逊搜集了大船上几乎所有能够利用的物资，着手给自己建造住所。首先生存需要淡水，所以第一个条件就是周围要有淡水，而且取水方便。第二，荒岛地处热带，天气炎热，如果住所不能遮阴，就不能保证生存质量，因此房屋要能遮阴。第三，现在鲁滨逊还不了解荒岛的情况，为了防备猛兽在夜间突然袭击，房屋地势要有防御作用。第四，万一有船只经过，居住在海边更容易获救，所以住所要靠近海边。

　　最后鲁滨逊建造的房屋一面靠着山岩，一面是平坦的草地，出门就能看到大海。他的房屋一半是用防雨的帆布搭建的帐篷，用来居住；另一半依托山岩，在岩壁凹陷处打洞，用作存放物品。四周用木桩围成了高耸的篱笆，他用梯子爬进爬出，可以说是戒备森严。

很好，就在这儿建本王的**皇宫**吧！

思思练写作！

基础任务

原文故事中详细描绘了鲁滨逊第一次登船搜寻物资时的步骤。这些动词精准地刻画了鲁滨逊搜寻物资的过程，让读者感受到了他工作的条理性和强烈的求生欲望。试着回忆你学会一项技能时都作了哪些准备？

写作提示

你学会了什么新技能呢？是学会了做菜，用色香味征服家人；是学会了剪纸，用剪刀创造神奇的图案；是学会打乒乓球，让白色的小球在球台上有节奏地飞舞；还是学会了游泳，在游泳池里疾驰……

1. 你学会这项技能以前是什么样的

比如：我不知道炒菜之前需要先放油，把肉放到锅里后就冒出呛人的浓烟，吓得我手忙脚乱地关火，又往锅里倒了一碗水。一盘炒菜就变成了一锅煳菜汤。

2. 你学习这项技能时学会了哪些动作窍门？把重要动作分解成几个步骤吧

比如：妈妈指导我把切块的五花肉倒入冷水锅里焯（chāo）水，这样既能去除血水，又能让肉质紧实，容易入味。

紧接着，妈妈教我把手放在锅上方几厘米处感受锅的温度。锅热了以后倒油，再取几颗冰糖放到热油中炒糖色。炒制的时候要用铲子不停地翻炒，以免糖焦糊粘锅。

3. 在这些动作中，哪个步骤决定了你的成功？以前没有注意到这个细节，今天注意到了，就取得了成功

比如：以前我炒糖色总是很着急，不肯耐心地翻炒，导致一半糖还没有化开，另一部分已经糊锅，散发出强烈的苦味。今天我耐着性子，认真观察糖的状态，严格按照妈妈教我的方法，轻轻地沿着锅边与锅底搅动，终于熬出了漂亮的糖色。这次做的红烧肉色香味俱全，得到了家人的称赞，看着他们吃得满意开心，我感到特别幸福。

吃红烧肉的**窍门**是一定要配米饭！

4. 从这次的尝试和学习中，你获得了哪些启示

比如：想要做成一件事需要耐心和细心，细心观察状态，判断时机。除此之外还要有耐心，"欲速则不达"，认认真真地做，才能做好。

或者你还有哪些想写的？梳理一下你自己的思路，试着写一写吧。

拓展任务

　　鲁滨逊流落到荒岛上，一度忧心如焚，担心自己不是饿死就是被野兽吃掉。然而他担心的事情都没有发生，最后他还生存了下来。有哪些条件帮助他生存了下来？他又找到了哪些物资帮助他生存下来呢？

　　把你的观察记录下来，帮助其他航海者写一份"生存指南"吧，他们读了以后也许会受到启发，带足物资，从而在灾难中存活下来。

1. 鲁滨逊流落荒岛时有哪些条件帮助他活下来

　　有条理地总结出客观条件，分别用简短的话描述清楚。

　　比如：荒岛上恰好没有吃人的凶猛野兽；他一下子就找到了赖以生存的淡水；他曾经乘坐的大船正好搁浅在他所在的海滩附近，为他提供了很多必需的物资……从这些条件中我知道了流落荒野的人，首先要注意躲避凶猛的野兽，还要找到淡水资源，保证生命存续。

2. 鲁滨逊在大船上找到了哪些物资帮助他存活下来

　　需要适当总结概括物资的种类，做到有条理，按照一定顺序列出。

　　比如：鲁滨逊找到了足够的食物，短时间内他不用担心

要吃有吃，要喝有喝，日子不错！

自己会饿死，不用担心因为饿肚子没有体力去找生存物资；比如他找到了枪支和弹药，这能够保护他不被野兽咬死，还能狩猎动物当食物；比如他还找到了很多工具，这些工具能够帮助他修建住所，保证他在夜晚能够安全地休息；比如他还找到了木器和铁器，这些都是修建住所的好材料；比如他还扯下了船上能防雨的帆布，这样他就能够遮风避雨，保存食物。从中我知道了，流落荒野的人，首先需要考虑的就是食物和安全的住所。携带或者找到食物是生存的重要条件，在不知道所处环境是否安全的情况下，还要准备防身的武器，以保护自己的人身安全。除此之外，还要利用身边的工具和材料搭建房屋，为安全地休息做好准备。

3. 如果请你给航海者写"生存指南"，你会建议他们带上什么？

结合思考题中对偶然因素的总结以及对鲁滨逊冒险经历的理解，想想航海者会遇到哪些致命问题，有针对性地给出建议，并说清楚建议的理由。

比如：我建议航海者一定要带上淡水，因为淡水是生命之源。航海者还可以带上一把锋利的折叠刀，它可以帮助航海者在凶险的环境中防身，还能够帮助航海者砍、切树枝，获取搭建房屋的材料。我建议航海者一定要带上一捆绳子，绳子可以帮你制作木筏成为海上交通工具，运送物资。而食物方面，我建议航海者带些密封的罐头，它们不会被海水泡烂，在弹尽粮绝的时候，能够为你提供能量……

只要你的建议是合理的，你能够把推荐的理由写清楚，就可以了。

出发吧！

思思爱总结

　　本章我了解了鲁滨逊航海遇难后流落荒岛自救的过程。

　　本章我体会了鲁滨逊流落荒岛的心情变化，概括了生存必需的条件和物资。

　　本章我完成了写作任务，把我思考的结果记录了下来。

第三章

日记回顾多艰难

本章思维训练

流落荒岛对于鲁滨逊来说，到底是幸运还是不幸呢？在生活中你经历过什么"坏事"？这些事对你来说有好的一面吗？

其实除了之前说过从船上搬下来的东西以外，还有些没有交代的，比如一些纸、笔和墨水，一只狗和两只猫，三本完好的《圣经》，一些观察和计算用的仪器、日晷（guǐ）仪、望远镜、地图什么的。

当我已经过了为生存疲于奔命的阶段后，时间对我来说就充裕起来了，所以我开始认真地考虑自己的境遇和环境。我按照商业簿记的格式，分为"借方"和"贷方"，把我的幸运和不幸、好处和坏处公允地罗列出来：

祸与害	福与利
流落荒岛，摆脱困境已属无望； 我孤苦伶仃； 与世隔绝； 没有衣服穿； 没法抵御人类或者野兽的袭击； 没有人可以交谈，没有人能解救我。	唯我独生，船上同伴都葬身海底； 我独免一死，上帝会救我一命，也会助我脱离目前的困境； 小岛虽然荒凉，但是我还有粮食，不至于饿死； 我地处热带，就算是有衣服也穿不住；我所在的小岛上也没有非洲常见的猛兽，如果我在非洲沿岸流落，又该如何呢？上帝神奇地把船送到我身边，我可以从船上获取很多有用的东西，让我终生受用不尽。

可以说，我也算是福祸相济了，这让我对自己的处境稍感宽慰，所以我就不再每天望眼欲穿，希求着有船只经过，我开始着手尽可能地改善自己的生活。

最起码，我活下来啦！

　　首先，我要制造一些日常生活中的必需家具，比如桌子和椅子。但是我没有制造这些器具的工具，这给我的工作增加了很大的难度，我唯有用耐心才能完成。这又有什么关系呢？反正现在我的时间和劳动力都不值钱了。

　　现在，我开始记日记了。日记让我清楚地回顾了自己登岛以来的种种经历：从侥幸逃脱了风暴流落到这座荒岛，衣不蔽体食不果腹；到发现了搁浅的大船，从那里获得了许许多多生存必需物资；到一点一点修建自己的安身之所；到解决了基本的生存问题，开始为了改善生活条件而劳动。

　　这期间也遇到了很多困难。我缺少很多必要的工具，有些东西根本就没有办法制造，比如生活中稀松平常的木桶，我也没法制造蜡烛。木桶我是真的没有办法，而蜡烛，我每次宰杀山羊的时候把羊油留下来，再从麻绳上弄些麻絮做灯芯，勉强得到了一丝光明。

此前我一直靠着船上收获的饼干和打猎获得的食物，雨后一个月，我还在居住的山洞门口发现了麦穗和稻谷，它们就是我未来吃上面包的希望，当然这是后话。

除了工具和粮食，我还遇到了一次大地震。当时我正在干活，突然山洞顶上掉落大量的泥土和石块，把我竖在洞里的两根柱子都压断了，并发出可怕的爆裂声。这可把我吓坏了，我惊慌失措，生怕自己被埋在土石下，赶紧下到平地。这时剧烈的震动让我目瞪口呆，魂飞魄散。

地震过后，我呆呆地坐在地上，垂头丧气，闷闷不乐，不知如何是好。然而乌云密布，风势渐起，海上又刮起了飓风。等风停了，又是一阵滂沱大雨。我的心既惊恐又苦闷。看来，要换一个安全一点的住所了。

更让我忧虑的是粮食也大大减少了。我不得不出去觅食。可能是淋了雨，我生了场重病，身子发抖，整夜不能睡，头很痛，还发烧。无人照料，也没有吃的，我只能拖着疲惫的身体去打猎。最严重的时候，我一整天不吃不喝，口里干得要命，连弄点水来喝的力气都没有。我想起了巴西人生病的时候会用烟叶治疗，正好口袋里还有些烟叶，虽然不知道具体的方法，多试一试也许就有一种能奏效，后来果然渐渐康复了。

生病期间，我常常胡思乱想，想起上帝，想起父亲的忠告，于是又开始了祷告。我从祷告中获得了力量，真诚地感恩上帝，同时也理解了"拯救"的含义。虽然目前生活艰苦，但是我的精神却轻松多了。我的健康和体力也得到了恢复，又可以重整旗鼓，恢复正常的生活了。所以我决定了解了解这座小岛。

鲁滨逊用"商业簿"的方式总结了自己当时的幸与不幸，你可以学着他的样子，列一列自己的幸与不幸，对照一下，想想能得出什么结论。

你可以试着总结鲁滨逊在荒岛上都需要做哪几类工作，鲁滨逊的工作有什么样的特点。

在原文中作者详细描绘了自己生病后的心路历程，你可以读一读原文，联系你自己的经历，想想鲁滨逊为什么会有这样的心路历程。

一边读一边对自己提问题，把这些问题记录下来，读完以后，看看这些问题你是否都有了答案呢？

思思勤思考 ?

鲁滨逊为什么要模仿"商业簿"的方式来总结祸福？

1. 说说鲁滨逊经历地震时发生了哪些事情，过程中他的心情又是怎样的呢？

为什么大麦和稻穗长出来时，鲁滨逊认为这是上帝的神迹？

2.想一想鲁滨逊生病时会遇到哪些困难？

3.鲁滨逊在着手改善自己的生活条件时遭遇了哪些困难？这些困难中，什么是无法克服的，哪些是想办法能克服的？他用了什么方法克服呢？

拓展思考

1.你认为鲁滨逊是个积极乐观的人吗？

2.鲁滨逊以前是如何理解"拯救"的，现在又是如何理解"拯救"的？

　　鲁滨逊登岛后一直为了生存疲于奔命，在基本的生存能够得以保证的情况下，有了空闲时间，开始认真思考自己的境遇和环境。他记录这些遭遇能够自勉自慰，对比发现福祸相依，有很多值得庆幸的事情。

　　这样他就能从获救的渴望和煎熬中抽身出来，好好改善他的生活条件了。不过改善生活条件也遇到了很多困难：想要做桌子椅子，没有工具，没关系，用耐心可以弥补；想要做个木桶，实在缺乏必需的工具，只好放弃。没有蜡烛，就用羊油加麻絮来代替，勉强获得一丝光明。没有粮食，却在偶然

不能总这么抱着吧？

间发现了洞口长出的麦穗和稻谷，虽然数量少，但是经过培植，慢慢能够收获粮食。起初，他以为这些粮食作物是上天的奇迹，因为这里的气候并不适宜种植谷类。而且他对这些植物是怎么长出来的也一无所知。后来他寻遍全岛，发现只有这里才有，说明这些种子是他带来的，并且是在不经意间撒下的。

在海岛上他还会经历地震和病痛的折磨。地震来临时，他正在梯子上劳作，并没有意识到，吓得魂飞魄散，惊慌失措，明白过来的时候更是目瞪口呆。等强震过去，他垂头丧气，闷闷不乐，不知道如何是好。地震带来了飓风和大雨，这让他既惊恐又苦闷。地震过去了，回到帐篷里，大雨几乎要将帐篷压塌；到山洞里，又怕山顶塌下来把他砸死。这也让

身心安宁了……

他萌生了重新修建住所的想法。

病痛中，他没有食物，也没有药，生病时也没有人照顾。他不知道自己生了什么病，很害怕自己就这样病死而无人知晓。生病中没有力气打猎，甚至连爬起来弄口水喝的力气也没有。只能在病痛与饥饿中煎熬。他回忆起了曾读到过的巴西人用烟叶治病的例子，却不知道如何处理才能有效。病急乱投医，几种方法都尝试了，竟然慢慢康复了。在生病期间，他还读起了《圣经》，感念一个又一个的奇迹让自己活了下来。他借助信仰的力量来"拯救"自己，获得了精神上的慰藉。对他而言，相较被过往的船只发现，救他回到熟悉的世界，这种精神上的救赎更加轻松。

思思练写作！

基础任务

鲁滨逊简略地描写了自己生病的过程和症状，但详细地描述了自己生病时的种种念想与感受。你生病的过程是什么样的？你在生病时会有哪些想法和感受？不妨模仿《鲁滨逊漂流记》的写法，写写你的"病中小记"。

写作提示

你还记得生病时的症状是什么吗？是鼻塞流鼻涕，还是头痛难忍？是全身发冷，还是肌肉酸痛呢？当你生病的时候，会想到什么呢？是希望赶快恢复健康，还是羡慕其他人活力满满呢？

1. 回忆你生病时的症状

比如：我躺在床上，感觉嗓子里住着一只不安分的小猴子，不停地挠，害得我总是想咳嗽。可是怎么咳也咳不完，胸口还是闷闷的。这只小猴子肯定在挥舞着大刀四处乱砍，不然我的嗓子怎么会这么疼？每咽一口口水都像是被猴子拿着刀在嗓子上划。

2. 回忆你生病时的心情

比如：客厅里时不时就会爆发出笑声，好羡慕啊！

为什么生病的是我呀？好倒霉。

到底是谁传染了我？看我不把你给揪出来！

生病虽然难受，但也不是没有好处，妈妈又给我送切好的水果来了，都是我平时最爱吃的……可是现在没胃口，什么也吃不下。

妈妈，我吃不下，送给鲁滨逊吃吧。

3. 这种心情是怎么来的，又是怎么变化的

比如：为什么生病的是我呀？好倒霉。是不是因为昨天出门的时候忘了戴围巾？还是前天和好朋友聊天的时候，他对着我打了个喷嚏。有没有可能是最近没有听妈妈的劝告，好好吃饭，而是吃了很多没有营养的零食，导致免疫力下降了，就没有躲过感冒呢？还是因为我嫌天冷，不愿意锻炼身体，导致我这么容易感冒呢？感冒到底什么时候能好呀？真不想一直躺在床上，好无聊啊，周末和好朋友约好要去看电影，不知道还能不能去成啊……

4. 你还记得生病康复时的感受吗

比如：一觉醒来，咽了一口口水，发现没有那么疼了，嗓子里也没有小猴耍杂耍了，顿时感觉满血复活了。活动活动筋骨，肌肉也不疼了，看来我又可以大快朵颐，尽情玩耍啦！生病可太烦人了，健康可太重要啊！

妈妈，我的水果呢？

送给鲁滨逊了！

或者，你还有什么想写的，围绕生病的经历写一写吧。

拓展任务

鲁滨逊列举了幸运与不幸之后，他感受到了宽慰，不再焦灼地等待过往的船只来救他，而是接受了现在的生活状态，努力去改善自己的生活条件。你经历过什么"坏事"吗？可以学鲁滨逊也列一列这件事的好与不好，看看能不能从"坏事"中找到好处。从这个角度来看，这件事有没有给你什么新的启发？试着写一写吧，注意说清楚好处与坏处哦！

写作提示

　　首先要确定你认为的"坏事"是什么，用简明清晰的语言把事件说清楚。紧接着要分析这件事的"好"与"坏"，你可以对应着列出要点。然后你可以对比"好"与"坏"重新评价这件事，看看是否会有新的感悟。

1. 回忆你认为的"坏事"

　　比如：一颗大牙被虫蛀坏了，要去补牙；好不容易抢到票的演出突然通知取消了；旅行途中生了病；辛辛苦苦写完的寒假作业丢在了旅行地；新买的平板电脑屏幕摔碎了……

为什么倒霉的总是我？

比如"新买的平板电脑屏幕摔碎了"这件事，怎么看都不像有好处，真的是这样吗？

坏	好
损失了很多钱； 近期不能很快使用； 可能要被爸爸妈妈批评。	不乱花钱，学会节约； 可以趁机多看书； 我以为爸爸妈妈会训斥我，结果没有； 下次可以更小心，不那么毛躁； 给它配一个彰显个性的防摔壳，我更喜欢了； 想到它这么贵，我更珍惜它了。

3. 说说你的感悟

比如：从这么多好处里，我稍微得到了一些安慰，觉得没有那么愧疚痛心了。

原来，多想一想，坏事也有好的地方，以后再碰到坏事，我就不会那么悲观了。

平板电脑摔坏了，我以为爸爸妈妈会训斥我，结果却没有，我很感谢他们给了我改正错误的机会，以后我会更珍惜它，因为它让我更加感受到了爸爸妈妈对我的爱和包容。

那倒也不必！

完了，落了一颗灰尘！

思思爱总结

  本章我了解了鲁滨逊到岛上后的心路历程和他所遇到的困难。

  本章我感受到了鲁滨逊的乐观和顽强，思考了事情的"好"与"坏"。

  本章我完成了写作任务，把我思考的结果记录了下来。

第四章

别看面包不起眼

本章思维训练

鲁滨逊到底应该住在海边还是山谷呢？渺茫的希望还是摆在眼前的现实，到底该如何选择呢？

　　我来这座小岛已经快一年了，逐渐适应了荒岛生活，如今就想要对周遭环境做更详细的勘察。小溪旁是一片葱郁的草地，上面长满了烟草。草地的尽头树木茂盛，枝头硕果累累。继续往山谷里走，更是别有洞天——椰子、橘子、柠檬、橙子……这简直就是上天对我的慷慨馈赠。

　　山谷物产丰富、风景秀丽，靠近水源，也不怕暴风雨的侵袭，简直是日常生活的理想之地。我也曾动摇过，要不要搬到这边来，但转念一想，靠近海边居住更容易被过往船只发现，有被拯救的希望，想想还是不搬为好。不搬来常住，倒是可以在这边建一座茅舍，当作休闲时候的居所——一间乡间小宅，一间海滨住宅，真是美妙。

　　我把挂在树枝上晒干的葡萄干收好，这就是我食物中很重要的一部分。我目前是这样分配食物的：早餐吃一串葡萄干，午餐吃一块烤羊肉或者烤鳖，晚上吃两三个鳖蛋。等我摸清了这里的物候规律，就有更丰富的食物可以吃到了。

　　不知不觉，我已经在岛上生活了一年多，也逐渐掌握了一些生活经验。这里没有分明的四季，唯有雨季和旱季交替。雨季来临的时候一定要储备好粮食，因为在这里淋雨就会生病。

　　所以雨季来临前，我就要做好准备工作。我发现用来做

篱笆的树桩上长满了柔韧的枝条，用它来编织箩筐刚刚好，虽然我的编织技术拙劣，但是自己使用是足够的。除了编织器具外，我还趁着雨季来临前，又到乡间住宅那边做了一次探险，想要逐渐探遍全岛。

这一次我得以见到海岛另一边的风景，在海对岸目之所及的地方，似乎是连着大陆的，只是不知道对岸生活着什么样的人，是赤身裸体、吃人不眨眼的野人，还是属于西班牙的领地呢？以我目前的能力，我既不敢也不能到对岸去一探究竟。

等我结束探险回到家，满意、舒适的感觉充满了心间。这次的收获不小，我抓到了一只鹦鹉，准备教它说话，虽然后来有一次差点被它吓个半死，不过能有一只小动物的陪

伴，我还是很开心的。

上岛第二年的十一二月间，我吃上面包的心愿终于有了希望。第一年，我在居住的洞口周围发现了谷物和稻子的身影，小心翼翼地采集了为数不多的种子。之后由于没有考虑到物候，颗粒无收，损失了大半种子。这一次，我考虑到了物候，在雨季播种，胜利就在眼前。这期间，没有犁、锄头和铲子等农具来锄地，我就用一把木铲；没有耙去翻地，我就拉了一棵大树在田地里拖行。

幼苗刚长出来时，嫩叶散发出的清甜吸引着山羊、野兔等的小动物竞相来吃。我必须迅速建成篱笆，把这些不知道满足的家伙赶到外面，又把狗拴在篱笆外面，对田地里的宝贝严防死守。果然，庄稼渐渐长得又壮又好。眼看就要抽穗，又遇到了鸟害。

这群空中的飞贼把我的庄稼团团围住，我放一枪，它们飞起来一次，等枪声停了，它们又飞了回来。这群数不胜数的飞贼，就是我的心头大患。我的弹药有限，时间、精力也有限，不可能昼夜守在田地边不停地放枪吧？

兄弟们，有自助餐！

那是我的口粮！！！

我想到了一个办法。我打死了几只"偷粮贼"，把它们用锁链吊在庄稼旁，想要杀鸡儆猴。这招果然有效，飞贼示众的日子里，田地边一只飞鸟也看不见了。就这样，我保住了我的庄稼。

可是到了收获的季节，我又犯了愁。没有镰刀怎么办？不怕，用一把腰刀代替。反正我的粮食少，割下来的麦穗，用手把谷粒搓下来就行了。

没有把谷粒磨成粉的石磨，我就找了一棵大树，用它舂（chōng）谷子。没有罐子，我就自己试着做瓦罐。经过多次实验，用赤道猛烈的阳光把它们定型。我还造出了陶器呢。没有筛子，我就用船上拿下来的薄纱巾和棉布凑合着用。我自己做了炉子，把自己做的大瓦盆扣上做烤炉……最后，我烘焙出了非常好的大麦面包。我还用大米做成了布丁和糕点。这些杂乱的工作占据了我在岛上的第三年大部分时间。

下午茶时间到。

思思爱问答

本章按照时间顺序描述了鲁滨逊在岛上第二年、第三年的生活，恰当的总结概括能让你迅速掌握文章的主要内容，你可以试着概括鲁滨逊在岛上的这段生活，他主要做了哪些工作，遇到了哪些困难，又是如何解决的。

如果这些信息又杂又多，你可以用表格来整理它们。

思思勤思考 ?

1. 小岛另一边的环境有什么特点？从哪里体现出来的？

鲁滨逊吃上面包的过程中遇到了哪些困难？他是如何克服的？

你可以绘制一张表格把他遇到的困难和解决办法整理下来。

2. 根据文章中的信息，请你总结面包是怎样生产出来的。

拓展思考

1. 如果你是鲁滨逊，你会选择居住在海边还是山谷中？

2. 从本章的故事中，你学到了什么样的生存智慧？如何应用于日常生活？

鲁滨逊登上荒岛后，为了生存，努力适应着周围的环境，调整自己的心理状态。上岛快一年的时候，他基本适应了生活，放平了心态，并开始了对生存环境的进一步探索。他沿着淡水水源探索小岛的另一边，发现山谷里风景秀丽，物产丰富，有葡萄、椰子、橘子、橙子、柠檬等果树，有茂盛茁壮的烟叶（这在巴西种植园是一种非常重要的经济作物），这里几乎不会受海上剧烈风浪的影响，气候宜人，相对安全。可是鲁滨逊还是怀揣希望，期待有人经过这里，救他回到文明世界，所以他没有搬到山谷里，只是把这里当作乡间小住的住所。

鲁滨逊偶然间搜集到了大麦和稻子的种子，从种子到面

摆个造型，等人来救！

包的过程异常艰辛。首先他不了解物候，在错误的季节进行了播种，损失了大半种子。之后他观察物候规律，调整至雨季播种。可是他没有耕种所需的农具，只能找各种物品去替代，花了很多时间。

　　幼苗长出来后，又遇到山羊、野兔等小动物来啃食。他修建了篱笆来抵御这些动物的侵袭。

　　粮食抽穗结子的时候，又遇到了新问题，鸟群又来吃谷物。鲁滨逊打死了几只鸟，挂在田边起到警示作用，保护住了庄稼。

　　他没有镰刀收割庄稼，就用腰刀代替。没有石磨就用手帮谷粒脱壳；没有杵臼就用树桩制作杵臼；没有筛子就用纱巾和棉布代替；没有器具和烤炉，就自己动手做陶器和烤炉。最

第531颗啦。

后成功地制作出了美味的大麦面包。

制作面包首先要种大麦，有了大麦后要经过晒、筛、制、烤等多重工序，最后才能制作出香喷喷的面包，这真让人感到惊叹。

思思练写作！

基础任务

偶然间发现山洞口长出了大麦和稻谷，这让鲁滨逊燃起了吃上面包的希望。如今对我们来说，面包真是再普通不过了，却让鲁滨逊忍不住惊叹，天天吃的面包要自己动手，从头做起是多么不容易。你有没有经历过什么事，让你在一瞬间感觉自己长大了？写一写这件事吧。

写作提示

其实你每时每刻都在成长着，你吃进去的饭菜变成能量和营养，让你长身体。你读过的书，做过的尝试，犯过的错误，思考过的问题，都会让你成长。但是哪一刻会让你感觉到自己长大了呢？

1. 确定成长瞬间

比如：读了《鲁滨逊漂流记》的这一章节，我再也不会浪费粮食了。半夜去洗手间的时候发现妈妈没睡，正在帮我整理书包，我感到很心疼、很惭愧。我牙疼不敢去看牙医，拖了很久，牙更疼了，我才意识到有问题及时解决才是对的……

2. 把这件事的过程说清楚

比如：（1）起初牙有一点点疼，我就换另一边吃东西，不想告诉爸爸妈妈。

（2）后来越来越疼，脸都肿起来了，我害怕了，只好告诉了家人。

（3）牙医给我开了药，又做了治疗，我发现其实并没有想象中那么疼。

（4）牙医告诉我，如果早点来治疗就不会这么严重了。

3. 把你感觉到成长的瞬间写具体

比如：我紧张的心情一直持续到治疗结束，医生叔叔拍拍我肩膀，叫我起来的那一刻，一股重生般的喜悦充满了我的心田。牙果然不疼了，虽然还有些肿，但是只要按照医生说的方法吃药就行了。医生在我心里的形象也变得温和亲切了许多。他笑吟吟地说："不要怕，下次再出问题，早点来，就不会更严重了。"那个瞬间，我才意识到，如果在有一点点疼的时候就来治疗，估计早就不会疼了。想到这，我感觉自己更勇敢了，浑身充满了力量，再遇到什么难题也不会害怕，而是积极地去解决。我向医生叔叔保证，下次一定早点来。没想到医生叔叔哈哈大笑，说："好好刷牙，保持好卫生习惯，就不会疼了！"对呀！

或者，你还有哪些想写的，梳理你的写作思路，试着写一写吧！

拓展任务

对于鲁滨逊来说，海边的环境比较差：这里物资匮乏，天气无常，经常会有暴风雨侵袭。可是这里临海，如果有船只来往，鲁滨逊能够第一时间发现。而山谷里环境优美，物资丰富，生活居住都是不错的选择，可是山谷相对闭塞，除非来往船只到达海岛，否则很难发现世界上还有鲁滨逊这个人。鲁滨逊经历了激烈的内心挣扎，最后还是决定居住在海边。试着想象当时鲁滨逊内心的挣扎，你赞同他的观点吗？如果你是鲁滨逊，你会作什么选择？说说你的理由。

您选好了吗？

我还是选便宜的吧。

写作提示

鲁滨逊住在海边有什么好处？住在山谷有什么好处？结合鲁滨逊当时所处的环境，你认为他应该选择居住在哪里呢？

1. 分析两个居住地的优劣

比如：我认为鲁滨逊住在海边有一个最重要的好处，就是一旦有船只经过，他就能发现。而住在山谷，能让他生活得更轻松、舒适。

2. 明确你的观点，说明理由

比如：（1）我非常赞同鲁滨逊的做法，住在海边，他还有获救的一线生机，如果住在山谷里，就一点希望也没有了。

（2）我不赞同鲁滨逊的做法，这座荒岛这么多年都没有人踏足，鲁滨逊只是个意外，与其抱着奇迹重演的渺茫希望，还不如踏踏实实享受活着的每一天。

注意：你也许有其他的观点，或者其他的理由，只要观点明确，言之成理即可。

3. 你的理由为什么是对的？结合故事内容做出详细解释

比如：（1）鲁滨逊被海浪冲击到小岛上来，他们早就放弃的大船也被冲上来了，这就说明其他的船只也可能会到达这一带，说不定将来就会有别的船只经过，救下鲁滨逊呢。在海岛上生活只是鲁滨逊不得已的选择，在这里没有朋友，没有家人，还缺少很多必要的工具。如果能回去，为什么要放弃希望呢？他一旦放弃希望，就真的回不去了。

（2）人的一生是很短暂的，鲁滨逊流落到无人岛上，已经是非常幸运的了。在鲁滨逊的人生中，有船只恰好偏离航线，恰好来到这座小岛周围，恰好看到鲁滨逊的存在，恰好把鲁滨逊救走的可能性微乎其微。与其为了这微乎其微的可能性放弃日常感受和体验的每一天，实在不值得的。很有可能鲁滨逊在海边住了一辈子，经常遭遇暴风雨的打击，付出很多的劳动，结果什么也没等到。这岂不是白白浪费大好时光？

注意：以上示例仅供参考，言之有理即可。

我一生不走寻常路！

思思爱总结

　　本章我了解了鲁滨逊上岛后第二年和第三年的生活。

　　本章我感受到了鲁滨逊遭遇的困难和解决困难的办法，思考了鲁滨逊选择居住地的理由。

　　本章我完成了写作任务，把我思考的结果记录了下来。

第五章

造船环岛真惊险

本章思维训练

　　鲁滨逊在岛上生活得很舒适，却始终没有放弃造船出海、探索周围的想法，这一次他又死里逃生。你认为他会就此收手吗？为什么呢？

自从来到岛上观察到对面疑似是大陆后，我想要做一艘独木舟，登上对面大陆一探究竟的心思就没有断过。我不惜气力砍倒了一棵大树，又大费周章把里面掏空，做成了一艘可以载二十六个人的大独木舟。这可不是个小工程，可惜当时我思船心切，总觉得只要造了船，其他的问题一定有办法，压根儿没想到过在树林里造船，我一个人又拖不动，怎么让船下水呢？从小船到水边有一个向上的斜坡，我一个人想要把船弄到水里，要么得开挖地面，要么得挖条运河。等我细细一算，想要干成这件事，竟然至少要十年，我不得不放弃，可是这个工程就差不多占据了我在岛上第四年时间。

完成！准备下水……水呢？！

这点小挫折可吓退不了我。后来我又给自己做了一艘小独木舟，还为它做了桅杆，又做了个帆。我在船上放了粮食、日用品和弹药，都放在精心设计的小抽屉里，防止风吹雨打。我还在船里做了个凹槽，专门用来放枪，凹槽上还设置了防潮盖板。船尾可以放一把精心制作的遮阳伞，又放上两件衣服，晚上睡觉的时候可以盖。

万事俱备了，可以乘着小船环岛游览、探查一番，于是我驾着小船出发了。没想到东边有一大堆岩石挡住了航道。识时务者为俊杰，我赶紧弃舟登岸，观察地势和天气。等风平浪静了才敢启航，没想到又碰到一股急流。这下完了，这个岛的两边各有一股急流，会在几海里外汇合。我现在正被急流推着往汇合的地方去，任凭我使出吃奶的劲儿划桨也无济于事。我的心沉入了海底，这回恐怕难逃升天了。

此时此刻，我安安稳稳住了好几年的小岛就在几海里之外，它是那么可爱。而我，正内心惶恐地等待命运之神对我的审判。除了拼命划桨，我不知道还能做点什么。正当我筋疲力尽时，一股微风在我的脸上吹过，留下了一丝清凉。风向发生了改变，我的内心悄悄燃起了希望。

天气晴朗，我竖起桅杆，张帆向北，尽量躲开急流。随着船的航行，急流的力量越来越弱，我紧绷的神经也逐渐放松下来。最后，我彻底脱离了危险。那种死里逃生的感觉，那种喜出望外、欣喜若狂的心情，恐怕很难有人能懂。

你还没选好方向吗？

感谢上帝让我大难不死，我把小船安顿好后就累得躺在地上睡着了。

这里离我的乡间住宅很近，在梦中，我听到有人叫我："鲁滨逊！鲁滨逊！你在哪儿？你去哪儿啦？"这声音让我完全清醒过来，吓得我心惊肉跳。循声望去，原来是我养的那只鹦鹉在学我说话呢。于是我就把它带回了老家。

此后的一年，我耐着性子过安恬闲适的生活，不再去想"出海""探索"之类的词。这一年里，我制陶的手艺近乎完美，还给自己做了一支烟斗。我编织藤器的能力也大幅提升，给自己编织了又大又深的筐来装谷物。我用陷阱猎到山羊，把它们圈养起来，这样就不用消耗所剩不多的火药了。

我找到了一块水草丰美的地方，那里还有阴凉的地方可以供山羊们休息。我不辞劳苦地为它们修筑了篱笆，又喂给

它们大麦穗和大米，让它们在我的手里吃。这样，就算把篱笆放开，它们也会围着我咩咩叫，向我讨食吃呢。

　　羊越养越多，我不仅有羊肉吃，还有羊奶喝，还做出了奶油和干酪。造物者对他所创造的一切生灵是多么仁慈啊！刚来的时候，我以为自己会饿死，现在，我有了这么多的美食，生活是多么富足。我圈养了山羊，有羊肉可以吃，羊奶可以喝；我种出了粮食，有面包可以享用；我在自己的葡萄园里晒制葡萄干，这些可爱的小家伙不仅可口而且营养价值高，这么一看，我还有什么可不满足的呢？若说有，就只有一件——我没有可以交往的人。

　　后来，我的生活却发生了新的变化，这一件事也得到了满足，或者说过度满足。

本章故事主要记录了鲁滨逊制作独木舟后的一次有惊无险的环岛旅行。联系之前的故事情节，你能看出鲁滨逊是个什么样的人吗？有哪些情节能够证明你的观点呢？

一个人的性格具有一定的稳定性。如果一个人总是重复做某件事，你就可以通过这件事来分析他的性格特点。你可以回顾之前的故事情节，找到鲁滨逊人生经历中的重复事件，从而概括出鲁滨逊的性格特点。

你还可以展开联想，鲁滨逊的特点是人类共有的吗？人类在哪些事情中也体现了和鲁滨逊一样的性格特点呢？

思思勤思考 ?

1. 鲁滨逊刚开始制造独木舟就遇到了无法解决的困难，从中你能悟出什么道理？

2. 鲁滨逊出海遇险后经历了怎样的心理变化？

3. 鲁滨逊半梦半醒之间听到了叫他的名字的声音，他为什么会吓得心惊肉跳？

1.鲁滨逊第二次制作独木舟有哪些巧思？

2.鲁滨逊的这次探险经历了什么？

3.你认为鲁滨逊会放弃探险吗？为什么？

鲁滨逊刚开始凭借着一腔热情制作独木舟，花了很多时间，却没有周全地考虑，硕大的船太重了，无法下水。他当时只想着到时候肯定会有解决办法的，这种没有预先计划，只知道埋头苦干的做法是不可取的。在做事情之前，应该对要做的事情有个预先的估计和考虑，这样才更有可能完成。

第二次造船就顺利多了，这一次鲁滨逊不仅仅考虑到了船造好要如何下水，还在船上专门制作了放置食物的小抽屉，防止食物受潮损坏。他还在船里制作了凹槽用来放枪弹，还给凹槽配了盖板，以防火药受潮。他又给船安上了桅杆，挂上了船帆。充分的准备就是为了出海探索周围的环境，哪怕只有万分之一的可能，他也想要去找到同类。

这一次出海，他又遇到了急流，急流把他冲出了预定的航线。他预见到了危险，两股急流汇合后，他将受到死亡的威胁，所以他内心极度惶恐。后来他感觉到了一丝微风，内心燃起了希望。他坚持不懈地划桨，最后平安渡过了急流。上岸之后他内心的喜悦难以言表。

他累得倒在地上就睡着了，半梦半醒之间，他听到了自己的名字。在无人岛上生活了五六年，头一次听到自己的名字，怎能不让他心惊肉跳？遭遇磨难才知道原本平静生活

我一定会回来的！

的美好，遭难后他尽量安慰自己不去想危险的事情，满足于眼前安稳的生活。将来他还会继续冒险吗？他的冒险有意义吗？这就由你来评判了。

思思练写作！

基础任务

鲁滨逊再一次遭遇海难，当他发现航线偏移，身处急流之中时，是多么慌张恐惧；当他敏锐地感受到微风的气息时，内心又燃起了希望；当他奋力划船终于渡过急流回到岛上时，又是何等欣喜。当我们经历事情的时候，就会产生自己独特的想法和真实的情感。让真实的情感流露在纸上，让读者走进你的内心，感受你的感受。

写作提示

引发你强烈情感的事情是什么？这件事对你来说有什么样的意义？仔细回忆这件事，回忆这件事带给你的情感变化，把真情实感写出来吧。

1. 回忆事件

比如：开学第一天，我差点把所有的暑假作业弄丢，当时我的心都要提到嗓子眼了。

生日那天，我知道爸爸妈妈肯定会为我准备礼物，做一桌子我爱吃的菜。他们会买什么礼物给我呢？时间怎么过得这么慢！

眼看着游戏就要通关，我和朋友正激烈地讨论着战况，手指飞快地操作着按键。可是我没有注意到妈妈已经怒气冲冲地站在门口。

2. 引发了你怎样的情感

比如：那一瞬间，我的心都跳到了嗓子眼，感觉全身的血液都涌向了大脑。如果我跟老师说我太粗心了，把书包忘在

公交车上，老师会相信吗？老师们会让我把所有的暑假作业都补一遍吗？同学们会笑我吗？会恰好有一个认识我的好心人帮我把书包送回来吗？我能找到那辆公交车的司机师傅，帮我找回书包吗？我该怎么办呢？

当我偶然间抬头，碰上妈妈愤怒的眼神时，我的心咯噔一下，又瞄了一眼时钟，已超过约定好的游戏时间半个小时了，怎么办？一边是毫不知情的队友，一边是怒气冲冲的老妈，我该怎么选择？我知道应该马上关掉电脑，可是我的队友会不会再也不愿意跟我玩了？要是在妈妈眼皮子底下继续玩，我是不是吃了熊心豹子胆？我的心里一团乱麻，手却还在惯性地操作，那个瞬间我感觉自己"完蛋了"。

3. 后续的发展是什么样的

比如：我两手空空地坐在教室里，看见班主任老师走进教室，心里别提多紧张了！可是我仔细一看，老师的手里竟然拎着我的书包。那一刻，我觉得自己真的理解了鲁滨逊劫后余生的惊喜。老师怎么会拎着我的书包呢？原来老师就在我后面下车的，发现了我的书包，就帮我把书包带回来了。

等我打完游戏，妈妈还是没有说话，我怀着忐忑不安的心情向妈妈承认错误：第一，我不该不遵守约定，超时了半个小时；第二，我不应该发现超时了还继续玩。同时我也向妈妈表达了感谢，感谢她没有冲过来关电源，保护了我在队友中的面子。妈妈见我认错态度诚恳，竟然没有训斥我，而是选择相信我下次一定会守时。我暗暗下定决心，一定不辜负妈妈的信任。

或者，你还有哪些想写的，梳理一下你的写作思路，试着写一写吧！

拓展任务

鲁滨逊第一次遭遇风暴，九死一生回到陆地，犹豫过后又登上了航船。遭遇海难登上无人岛，他还惦记着航海。这一次环岛游，又遭遇了急流，险些丧命。可是这些都无法阻止他继续航行的脚步，你认为他这样一次又一次航行的原因是什么？鲁滨逊的性格特点让你联想到什么样的现实人物？试着写一写你的思考吧。

写作提示

你和父母会不会产生一些分歧？比如，父母认为电子游戏有害，但是你认为电子游戏对你有好处。鲁滨逊一次又一次遇难，脱险，又启程冒险的原因是什么？他表现出怎样的品质？这样的品质在现实生活中又有怎样的意义？

1. 总结概括鲁滨逊多次冒险出海的原因

比如：（1）鲁滨逊天生热爱冒险，对航海、探索充满了热情；

（2）鲁滨逊永远怀抱希望，不会因为遭遇挫折和痛苦就放弃希望；

（3）鲁滨逊不喜欢安分守己，不喜欢一成不变，没法在一个地方安稳地生活；

（4）鲁滨逊不知足，上天已经对他很仁慈了，但是他还不满足，以至于此次置身险境……

注意：鲁滨逊多次冒险出海的原因可能不止一个，你可以按照从主要到次要的顺序，梳理他出海的原因，也就是他的性格特点，也可以有其他的观点，或者其他理由，只要观点明确，言之成理即可。

2. 结合具体的故事情节说明你的观点

比如：（1）鲁滨逊第一次出海航行就遭遇了大风暴，经历风暴的时候他吓得魂不附体，可是等他上了岸，他就把恐惧抛诸脑后，又踏上了航程。这样的事情发生了很多次，即使每一次都险些丧命也在所不惜。这种执着如果没有热爱是做不到的。

（2）鲁滨逊可太不知道满足了。他出生在一个富裕又温馨的家庭，他却不满足于待在家里，非要出海，结果遇上了风暴，险些丧命。之后他到了巴西，成了一名种植园主，如果他能安分守己，成为一个富商指日可待，可他偏偏又选择了出海。这一次他船上的其他人都命丧大海，只有他侥幸逃脱，他花了很长时间才在岛上安顿下来。可是他又不知道满足，自己做了个独木舟，又要环岛航行，结果又差点丧命……

注意：按照表达观点——证明观点的顺序，逐一表达你的观点，做到条理清晰，言之有理即可。

3. 联系现实生活

比如：他让我联想到了哥伦布发现新大陆，如果没有强烈的热爱，他就不会生出无畏的勇气去探索未知的世界，他也就不会因为发现新大陆而千古留名。他的冒险精神，他的不知满足，不正是人类探索世界所需要的吗？神农尝百草

大哥，你坐别的船吧。

发现了无数草药，爱迪生发明了灯泡，瓦特改良了蒸汽机，居里夫人不畏惧辐射才发现了镭元素，人类踏上了月球的土地……人类所有伟大的发现和发明都离不开对探索未知的热爱。

注意：以上示例仅供参考，言之有理即可。

思思爱总结

  本章我了解了鲁滨逊环岛旅行并差点丧命的故事。

  本章我总结了鲁滨逊的性格特点，思考了鲁滨逊继续航海的理由。

  本章我完成了写作任务，把我的思考结果记录了下来。

第六章

有人来心惊胆战

本章思维训练

对鲁滨逊来说，碰到敌人更可怕，还是担心会碰到敌人更可怕？结合你自己的经历，你赞同他的观点吗？

你知道吗？我在这座岛上孤孤单单地居住了十五年，所以一直以为这就是一座无人岛。直到有一天，我突然在海边发现了一串人的脚印！你能想象我当时有多惊慌吗？我真的吓坏了，又是侧耳倾听，又是环顾四周，结果什么也没听到，什么也没看到，可这更让我难受！我跑上高地，往远处眺望，又跑到海边来来回回地找，还是毫无结果。只好再跑回脚印前面，看看是不是自己产生了幻觉。也不是！

这可真让人心烦意乱，忍不住在脑子里胡思乱想。因为太惶恐，往自己的防御工事里跑的路上一步三回头，就连路上见惯了的小树都能让我疑神疑鬼，以为是人，生怕有人从后面追上来。一路上我惊恐万分，脑子里不停地出现各种幻象各种荒诞不经的想法，那滋味简直一言难尽。晚上我也合

快跑！

不上眼，大脑高速运转，猜测种种可能。结果就是我疲惫不堪，体力不支，昏睡了过去。

折腾了三天，家里都快断粮了，羊也必须赶紧挤奶了。我提心吊胆地走出家门，给山羊挤奶。这次什么也没看到，我的胆子也慢慢大起来了。第二次我再去看那串脚印时，我又变得忧心忡忡、忐忑不安，因为这绝对不是我的脚印，说明肯定有人来过这座——我一直以为只有我一个人的岛屿！

比起危险本身，这种对危险的恐惧要可怕千倍。焦虑不安的心情给人带来的思想负担远远超过我正在担忧的那件坏事。我可没法再听天由命了：继续修建防御工事，加固围墙！我要在墙上挖七个洞来安放我那七把短枪，加固树桩！我在防御工事外面的空地上密密麻麻地插上树桩，这些树长得飞快，说不定什么人再上岛看到时，就会以为这是一片树林呢！还有我的羊！我可不能让敌人发现有这么一大批圈养起

别怕，真不是进厨房！

哥，别揍我，有话好好说。

来的羊！再找些隐蔽又舒适的地方，盖两三座羊圈，把它们分开圈养，就会更安全些……

就这样，我在忐忑不安中又过了两年。直到有一天，我在海岛的西边探查，看到了一大片船影，才明白过来，原来这并不是一座无人岛，而是老天爷让我漂流到了野人不会来的那一边。而这边，是野人经常乘坐独木舟光顾的地方。这些野人会把抓到的俘虏带到这座岛上，按照部落食人的习俗把俘虏杀死，分食！

当我从山岗上下来，就见到了海岸边满是骨头的骇人场面！不远处还有生火的痕迹，显然这些野人就是在这里举行残忍的"聚会"，大吃自己的同类！

起初，我非常愤怒，盘算着手里的武器，想要制订周密的计划，定要在下次碰到这群野人的时候替天行道，惩罚他们。尽管他们人数众多，但是我有武器，未必不能一较高下，只要我的计划完善合理。每次我看到那些伤天害理的证据，心里对他们的仇恨就增加一分。因此有一段时间我沉迷于在脑海里制订计划，感觉自己像是个正义的使者。

可是我也产生了疑惑：他们遵循部落传统自相残杀，这与我毫无干系，他们并没有伤害我，我有什么理由去裁决他们的生死呢？最后，我得出了一个结论——无论出于道义还是生存策略，我都不应该管他们的事。

这样想之后，我也就恢复了日常的生活，但对野人的恐

惧时时刻刻都紧紧跟随着我。然而偶然间发现的一个天然地洞，缓解了我的恐惧。那是个偶然，我砍柴途中发现了一个地穴，地穴里露出两只亮晶晶的大眼睛，结结实实地把我吓了一跳。我壮着胆子进了地穴，才发现是一只垂垂老矣的山羊。正因如此，我才发现了山羊所处的地洞，幽深、隐蔽又宽敞。我就把自己的军火都搬到了这里。而老山羊在我发现它的第二天就死去了。我找了一块地方把它给埋葬了。

此后的一年零三个月里，我过了一段相对平静的日子。在我上岛二十四年后，我又遇到了那些吃人的野人……

本章讲述了独自一人在荒岛生活了十几年的鲁滨逊，偶然间发现野人踪迹的过程。你可以圈点勾画他看到脚印后的心情变化、行为做法，感受他当时的反应。

你还可以回顾前文，想一想他产生这种反应和情绪的原因。

一边读一边对自己提问题，把这些问题记录下来，读完以后，看看这些问题你是否都找到了答案呢？

思思勤思考 ❓

1. 你能找到哪些描绘鲁滨逊见到脚印后心情的词语呢？

2. 发现脚印后，鲁滨逊做了哪些事情，说明他产生了什么样的想法呢？

3. 当他看到吃人的野人后，有什么样的反应？

发现野人后，鲁滨逊的生活发生了什么变化？

1.他为什么说"对危险的恐惧比危险本身更可怕"？你同意他的观点吗？

2.他对食人野人的态度发生了怎样的变化？

起初，鲁滨逊流落孤岛时，形单影只，常常感叹命运不公，期待有人做伴。然而他已经在孤岛上生活了十几年，早就接受了这是座无人岛的事实。偶然他却发现了人的脚印，结合他曾经观察过周围海岛的情况，这脚印很有可能是附近野人留下的。所以他看到脚印后非常害怕，警觉地来回查看，但没有发现人的踪迹。之后他又登上高处瞭望，也没有收获。他不知道野人的情况，怕受到野人的袭击，所以提心吊胆，胡思乱想，影响了自己的正常生活。

隔了好几年，他才再一次发现了野人的踪迹，他们在岛的另外一边残忍地杀害、吞食同类！这让他异常愤怒，想要代替上天惩罚这些没有人伦的家伙，甚至花了很长的时间做周密的计划。但是后来他想通了，这些野人并没有攻击他，与他没有任何关系，他不应该去裁决他们的生死。他能做的就是继续加强防御工事，生活得更加小心，不让野人发现他的踪迹，尽量少出门。如果非得出门，一定要做好武装，带好武器。

一次偶然，他发现了一处地穴，在地穴里遇到了一只垂死的老山羊，发现山羊待在一个天然的地洞里。这个地洞又隐蔽又宽敞，很适合藏身，所以他把武器装备都运到了这

里。他在岛上的平静日子到了头，一年零三个月后，他终于和这群野人打了照面。

他和野人之间还会发生什么样离奇又惊险的故事呢？

思思练写作

基础任务

鲁滨逊的航海生涯真是充满了危险，他几次航行几次遇险，到了孤岛上又担心毒虫猛兽，又担心没有水源。他花了很长时间才在孤岛上生活得比较舒服。好景不长，海边的一串脚印打破了他宁静的生活。他胆战心惊，心烦意乱。你有什么担心的事吗？你在担心的时候会有什么想法和反应呢？写写你担心的时候会有哪些表现吧。

写作提示

你最害怕的事是什么？是害怕去看牙医，还是害怕走夜路？是不敢游泳还是害怕高处？是你弄坏了同学的东西害怕他生气，还是你做错了事害怕父母的训斥？当你担心这件事会发生时，你会有哪些反应？你可以从哪些角度来写担心的心情呢？

1. 说说你最害怕的事

比如：今天要去学游泳了，老师说今天要在水里练习憋气。平时练习我都不害怕，今天要在水里练习，我不由得害怕起来。

在岸上你可以呼吸。

2. 分角度描绘害怕的感觉

你可以从哪些角度写害怕的感觉呢？你可以直接描绘心里的感受，可以写害怕导致的各种小动作，可以写害怕让你不自觉流露出的表情，还可以借助你害怕时看到的、听到的、想到的、感受到的事情来侧面衬托你的害怕……

比如：（1）我看着时间一分一秒地过去，指针离我要出发的时间越来越近，我的心跳就越来越快，都快要喘不上气了。万一我没捏住鼻子，呛水了怎么办？万一我在水里憋死了怎么办？万一我站不住，在水里摔倒了怎么办？万一我呛了水，却没有人发现，该怎么办？万一……我的脑子里出现了千百个想法，搅成了一锅糨糊。

（2）我感觉我的手心里全都是汗，只好过一会儿就在衣襟上擦擦；屁股上像长满了刺，坐立不安，不停地改变坐姿，怎么也不舒服。一会儿检查一下泳具，看看东西都带齐了没有；一会儿看看手表，看看还有多久就到游泳馆了；一会儿又忍不住深呼吸，想缓解紧张的情绪。

肯定是我**太紧张了**才坐不住的。

3. 你做了什么事情来减轻害怕的心理

害怕的情绪是人类进化出来应对危险的一种情绪，它会促使我们做些事情来应对危险。你可以写一写做了什么事来缓解害怕的心理。

比如：（1）我忍不住询问妈妈："妈妈，你说我会呛水淹死吗？"妈妈听了我的话，哈哈大笑："宝贝，绝对不会的，你要相信自己的身体，一旦察觉到危险，你就会站起来，脱离危险。再说，我和教练就在你身边关注着你，绝对不会发生危险！"

（2）我暗暗劝说自己，平时我练习得很好，老师都夸奖我"一定是最快学会游泳的"，我应该相信自己，不要胡思乱想。这么多学习游泳的学生，没听说过哪个学生因为学游泳发生危险的……这样想着，我感觉放松了一些。

4. 讲述害怕的结果

你担心害怕的事情发生了吗？从这件事里，你收获了怎样的成长呢？

比如：妈妈的话像一股春风，吹走了我的恐惧，我平静地换好了泳衣，站在同伴中间。看着大家神色如常，一点也不担心，还有人跃跃欲试，我也没有那么紧张了。按照老师讲授的方法去练习，我竟然表现得很好，还受到了老师的表扬。原来我担心的事不会发生，我害怕的事也没有那么可怕。

谁说游泳要在水里！

或者，你还有哪些想写的，梳理一下你的写作思路，试着写一写吧！

拓展任务

鲁滨逊在看到海边的脚印后，感到异常恐惧。他恐惧的原因是什么？为了减轻恐惧，保证安全，他做了哪些事情？请你合理推测和想象，他做的这些事能够达到什么样的效果呢？

写作提示

鲁滨逊之前一直希望有人能跟他说话做伴，为什么发现了海边的脚印后却感到恐惧了呢？他在观察海岛周围的环境时，对周围的海岛做了哪些猜测？来的人有可能是什么身份呢？为了减轻恐惧，保证安全，他做了哪些事情？这些事做完以后，有什么效果呢？通过这些问题，你可以进一步理解鲁滨逊做这些事的原因。试着有条理地把你读到的信息整理出来吧。

1. 简明地概括鲁滨逊感到恐惧的原因

海边的脚印都有哪些可能性？有可能是偶然间有航海家踏足荒岛，是鲁滨逊期盼已久的救星。也有可能是附近没有文明开化的野人，据说他们有食人的习惯。鲁滨逊分析遇到哪种人的可能性大？如果鲁滨逊遇到一个野人会害怕吗？如果来的野人很多，鲁滨逊能对付得了吗？

试着回答这些问题，梳理出鲁滨逊感到恐惧的原因吧。

2. 在故事中圈画出鲁滨逊因为恐惧而做的事情，把它们整理出来

比如：（1）他在脑海中胡思乱想各种可能性，还怀疑自己产生了幻觉。

（2）他跑来跑去寻找野人的踪迹，还跑到高处瞭望，也没有找到野人的踪迹。

（3）他过于担心，头昏脑涨，睡不着觉，实在太累才昏睡过去。

（4）他不敢出门，在家躲避了三天。

（5）他在住所外面又加固了许多树桩。

其中哪些事情是一类的，可以试着归类，比如胡思乱想、过于担心、睡不着觉、不敢出门，都是他恐惧的表现。他跑来跑去，跑到高处瞭望，都是想要找到野人的踪迹来确认这个事实。他为了修筑防御工事也做了很多事情……

把它们整理好后，按照一定的顺序写出来吧。

3. 分析他做的事情的效果

请你根据自己的判断和猜测，说一说他做的事情哪些是有用的，能起到什么作用；哪些是没有用的。

比如：鲁滨逊在自己的住所外面又插了密密麻麻的树桩。根据前面故事里的描述，鲁滨逊最开始插的树桩都长出了茂盛的枝叶，让他的家完美地隐藏在了树林深处。因此他加固了树桩，很有可能让敌人更看不出这里是他的住所了……

想要准确地判断每一项工作是否有用，不仅可以根据常识去判断，还可以回到原文故事里找一找依据。现在请你详略得当地完成这个写作任务吧。等你完成了这个任务，也许你会对"恐惧"这种心理情绪有不一样的认识哟！

思思爱总结

　　本章我了解了鲁滨逊在海岛上发现了野人踪迹的故事。

　　本章我总结了鲁滨逊恐惧的表现和他对野人态度的变化。

　　本章我完成了写作任务，并把我思考的结果记录了下来。

第七章

遭遇野人获同伴

本章思维训练

鲁滨逊和野人之间有着巨大的差异，他们是如何快速熟络，成为彼此亲密无间的伙伴的？你认为和别人交往最重要的是什么？

在我因为发现野人踪迹而坐卧不安的那段时间，一个夜晚，我竟然听到了海上传来的枪声！我的心剧烈跳动起来，赶紧跑出去查看。在暴风雨中果然有一艘船的影子，可是凭借我一个人的力量实在无法施救。由于我心里对同伴的渴望实在过于强烈，我疯狂地聚拢了身边一切能够点燃的物品，生起了尽可能大的火堆，希望船上的人能看到。

然而，直到风平浪静，我再也没有发现任何人的迹象。我决心要到那艘触礁的船上看看，却只发现一只奄奄一息的狗。船上的物资大多被水泡过，不能用了，最终我只带回了狗、一小桶酒和一点点生活物资。希望能有个同伴的愿望再一次破灭了。

时光飞逝，我又在岛上生活了两年。这两年的时光一如既往地平静。唯一可以拿来说一说的事，就是我做了一个梦。我梦到在那群凶残的食人族中间，我救下了一个野人。这给了我很大的启发，我想摆脱孤岛的生活，就一定要到对岸的大陆上，想要保证自己的安全，最好的办法就是弄到一个野人，充当我的向导、护卫和仆役。

从那之后，我就开始盘算，如何在一群生猛的野人中弄到一个野人。因此我常常全副武装地到海岛侦察，想要摸清野人出没的规律。就这样又过了一年半，我的机会终于来了。

都是**梦**啊，那我再睡一会儿。

　　那天，海边出现了五只巨大的独木舟，我估计不下三十人。他们很快从船舱里拖出来一个俘虏吃掉了。在这期间，他们没有去管剩下的两个俘虏，那两个俘虏也顺理成章地拼命奔跑，想要逃脱死亡的命运。跑得慢的那个俘虏很快被就抓住，被杀掉了。两个野人追着那个跑得快的俘虏过了河，直逼我的住所附近。

　　面对三十个野人，我没有把握，但对付两个野人，我还是有很大胜算的。就在俘虏马上被抓住的瞬间，我果断开枪打死了这两个追击者，救下了这个幸运的俘虏，然而他并不知道我是怎么放倒他的敌人的。

　　我这才有机会细细端详这个野人。他长得并不赖，高大

结实，五官端正，脸上一点也看不到狰狞之态，反而表现出温柔亲切的样子。他趴在我脚边，做着各种奇怪的姿势，表示他对我的臣服和感激。我明白，他是说愿意做我的奴隶，为我效劳。为了纪念这一天，我给他起名叫"星期五"，教他简单地用英语表达"是"和"不是"。

晚上，我和他一起在地洞里睡了一夜。我叫他迅速掩埋了地上那两个被我的枪放倒的野人。紧接着又给了他一些武器，我们一起到昨天那群野人吃人的地方，那里已经一片狼藉。我叫他把那些东西堆在一起，点了一把火，通通烧成灰烬。这事办完，我给他找了些能穿的衣服，又给他安排了安全舒适的住所，离我既不太远，也不太近。我对他还是采取了很多的防范措施。事实证明，这压根儿用不着，他对我忠诚又老实，听话又可爱。最重要的是，他是一个干活的好手。

我给他煮羊肉汤、烤羊肉，让他品尝我的美食。他都接受得很好，唯独不太习惯吃盐。直到后来，他也还是只能接受食物里加一点点盐。而他吃人的习惯则被我彻彻底底地改变了。

好吃吧？

呜啊哇！

我教他说英语，他学得很快。慢慢地我们能够理解彼此的意思了。他告诉我，部落之间常常有战争，获胜的一方会把俘虏杀死并吃掉。他所在的部落很强大，常常打胜仗。他们的部落从海里救上来十几个白人，把他们安置在部落附近。这个消息令我振奋，若能和那些白人会合，或许便有了获救的希望。因此我打算和星期五一起到大陆上去。

本章讲述了鲁滨逊从产生得到一个野人的念头到真的救下一个野人，和他相处的过程。你可以到原文中去找一找鲁滨逊和野人有哪些不同，感受文明和蒙昧的差异。

你还可以试着梳理两个如此不同的人相处的过程中，鲁滨逊都改变了野人哪些习惯。

你还可以回顾前文，想一想他会产生这种反应和情绪的原因。

一边读一边对自己提问题，把这些问题记录下来，读完以后，看看这些问题你是否都有了答案呢？

思思勤思考 ?

1. 作者遇到沉船后的两年，作者为什么只写了做梦这一件事？

2. 鲁滨逊救下的野人有哪些特点？

鲁滨逊和野人互相适应的过程中，野人发生了哪些变化？

1. 野人和文明人有哪些差别？

2. 请你根据原文猜测鲁滨逊是如何看待野人的？

思思助理解

　　每次遭遇海难，鲁滨逊都希望沉船上有幸存者，这样他就可以拥有可以沟通、交流与陪伴的同伴。然而始终未能如愿。他始终惦记着登上对面的大陆，认为这是他获救的唯一途径。当他梦到救下一个野人时，他意识到有一个野人的帮助，能更安全地实现登上大陆的目的。一年半后他果断地从两个野人手下救下了身强力壮的野人，并给他起名"星期五"。星期五是个年轻的、面目温柔亲切的、身强体壮的小伙子。他和部落中其他人一样，不会说话，有吃战俘的习惯，不吃盐。鲁滨逊给他食物，给他住处，给他衣服，帮他改掉了食人的习惯，还教他说英语。他很聪明，学得很快。

　　虽然鲁滨逊一直提防着他，但是后来发现，完全不需要，因为他是那么忠诚可靠。文明人身上具备的优良品质，星期五也有，很多文明人身上的问题和毛病，星期五却没有。这样的星期五怎么能不让鲁滨逊喜爱呢？

星期五能够帮助鲁滨逊实现愿望吗？他们又共同经历了哪些刺激的冒险呢？

思思练写作

基础任务

鲁滨逊用武器救下了野人星期五，在他的影响下，星期五逐渐学会了说话，学会了穿衣服……如果你和野人过一天，会发生什么事呢？你和野人能成为朋友吗？结合故事中作者对星期五的描写，展开想象，说一说你会和野人度过一天经历什么吧。

写作提示

想象虽然能够超越现实的限制，但不能是无凭无据、前后矛盾的。再大胆的想象也需要一定的合理性。你可以先思考你碰到的野人是什么样的，是和星期五一样忠诚、善良、单纯、可爱，还是像书里其他野人一样残暴、野蛮？你还可以想象你是在什么场景中、什么情况下遇到的野人。你们一起过一天会经历哪些事情呢？最后你和野人会有什么样的变化呢？不妨借用思维导图的方式梳理你的想法，从中选择你认为最有趣或者最值得写的事件，并将其详细地记录下来。

1.简要介绍故事背景

你和野人怎么会相遇的？你们为什么要一起过一天？刚开始见到野人的时候，你产生了什么样的想法？

比如：恍恍惚惚中，我感觉到有人在拉着我。他披散着头发，腰上围着稻草做的围裙，一双脚沾满了灰尘，赤裸地踩在地上。莫非……我遇见了野人？！他那双清澈的眼睛里写满了哀求，这是有什么事需要我帮忙吗？

2. 介绍你和野人这一天都做了什么

比如：他高兴起来就会手舞足蹈，嘴里哇啦哇啦地叫喊个不停。那种兴奋劲儿把我也感染了，所以我也学着他的样子表达我的心情。起初我还有点不好意思，感觉伸不开胳膊，迈不开腿的。他见我扭扭捏捏的样子，又充满力量地为我演示了一遍，示意我照做。我看着他眼睛里的真诚，把心一横，铆足了劲蹦起来，胳膊在空中欢快地摆动。没想到，这种尽情释放自己的感觉这么奇妙，那一瞬间，我忘了周围还有其他人，也忘了别人有可能会评价我，只觉得快乐、轻松。

他见我彻底放松了自己，咧开嘴对着我笑起来。我也学着他的样子，咧开嘴对他笑。他教会了我放松，我也要教他做点什么才行！

也许你想写的是送他回家的过程，也许你想写的是带他体验现代文明的一天，但无论写什么都一定要注意详略得当。选一件最想写的事详写，剩下的事情可以略写。你也可以选两三件事详写，其他事情略写。这样详略得当，才不会把文章写成流水账。

你和野人相处一天本来就是你的想象，要让读者觉得真实，还要写好你和野人的道别。这一天过去了，你和野人是如何告别的呢？

比如：（1）经过这一天的跋涉，我们终于来到了他居住的森林旁边。马上就要天黑了，我只能把他送到这里了，我们都依依不舍地看着对方。但是相聚总要分别，希望以后我还能有这样的奇遇，能再见到我这位"不会说话"的朋友。

（2）我们正分享一只香喷喷的烤羊腿，我感觉我的耳朵越来越疼，就像有人使劲拧我的耳朵一样。疼得受不了，我大喊一声，却发现自己正躺在家里的沙发上，嘴里还流着口水，电视上关于原始人的纪录片还在播放。眼前没有了羊腿，也没有了我的野人朋友，只有妈妈怒气冲冲地看着我："你看看现在几点了？"

或者，你还有哪些想写的，梳理一下你的写作思路，试着写一写吧！

拓展任务

鲁滨逊和星期五相处的过程中，虽然有很多不一样的地方，但是星期五都愿意听从鲁滨逊的要求去改变自己。人和人相处难免会有分歧和矛盾，想要关系融洽长久，就需要找到两个人相处都舒服的方式。在现实生活中，你和朋友是如何相处的？你们之间有没有产生过矛盾、争吵？又是怎么化解的呢？

回忆你和朋友相处的一件小事，说一说你和朋友是如何相处的吧！

你可以写你和朋友之间产生矛盾和化解矛盾的整个过程，也可以写你和朋友是如何看待分歧，从而避免矛盾。

写作提示

先想一想，要写哪位朋友的故事。回忆你们产生的一次矛盾，想一想你们是因为什么事情产生的矛盾，然后说说你们各自抱着什么样的想法，最重要的是你们是如何化解矛盾的：是大吵一架后和好，还是两个人都平心静气地陈述自己的想法，达到了相互理解呢？是借助了别人的力量帮你们调解，还是其中一个人愿意放弃自己的想法而接受对方的想法呢？这件事给了你什么启发与感悟呢？

1. 产生矛盾的原因

比如：他是我最好的朋友，平时我们总是一起上学、放学，周末也会一起写作业。很多人都很羡慕我们志趣相投，共同进步。可是我们也产生过一次很大的矛盾。

老师让我们报名参加课后兴趣社团，我们明明说好的要一起报名参加轮滑社，可是上交表格的时候，他却告诉我，他写的是围棋社！顿时，我平静的内心像被一道闷雷击中，酸酸涩涩，又充满了愤怒。

2.描绘双方闹矛盾的表现

比如：我其实很想问问他，为什么临时变卦，可是当时我的心被愤怒占据，只有一个念头就是埋怨他不守信用。所以我气愤地把报名表撕了个粉碎，然后重新领了一张，大笔一挥，写下了"街舞社"三个大字，把报名表交给了老师。

我眼睛的余光看到他先是一愣，转头回到了自己的座位，也在报名表上涂涂改改报名表。他从我身边走过的时候，故意把脸转到另一边不看我。这种举动就像是在挑衅我，让我更加生气。

3. 说说你们是怎么解开矛盾的

比如：街舞社的同学给了我一瓶饮料，好巧，这是他最喜欢的饮料。自从上次的矛盾之后，我们还没说过话，也再没有一起回家。我突然很想知道他在做什么，不和我做朋友的日子过得好不好。正当我想要去围棋社看看，就在街舞社教室的门口看到了熟悉的身影。

他手里拎着我最喜欢的零食，表情有些拘谨。我一下子就原谅了他，可是还不想表现出来。

他说："那天，你都没有听我解释。是你说看了《围棋少年》觉得下围棋好酷啊，所以我想不如我们都去参加一个不熟悉的社团，解锁一个新的技能。可是我刚说完我想报围棋社，你就把报名表撕了。我也很委屈，感觉一片热情被浇了一盆冷水，就不想跟你说话了。我回去冷静了一下，因为一个误会就不做朋友实在太不应该，所以我就来找你了。"

气死我啦！

你生气为什么撕我的报名表？

4. 这次矛盾让你有了哪些感悟

比如：原来是个误会。原来，他是为了我！

友谊需要相互信任，我因为不信任他，才会误解他。友谊需要相互让步，如果我们都不让步，就会失去这段友谊。友谊需要相互宽容，我想去找他解决矛盾的时候，他竟然先来找我了。经过这一次，我感觉自己好像更懂得了友谊的真谛，那就是相互信任、宽容和理解。

不得不说，和朋友一起玩的感觉可真好！

你也可以有自己想写的思路或内容，按照你的想法写一写吧！

思思爱总结

本章我了解了鲁滨逊拯救野人星期五并和他结伴的故事。

本章我总结了鲁滨逊救下星期五后和他相处、改变他的过程。

本章我完成了写作任务，把我思考的结果记录了下来。

第八章

对抗野人再救人

本章思维训练

鲁滨逊遭遇海难能够在孤岛上生存得很好，为什么流落到野人部落的西班牙人，人很多却生活得不好呢？

按照我的计划，我和星期五一直在为十一月或十二月登陆大陆作准备。旱季马上就要来了，所以我常常叫星期五到海边去捉海龟。这天他刚出发没多久，就急三火四地跑了回来，原来是野人成群结队地驾着独木舟上岛来了。

一股怒火直冲头顶，我迅速装配好了武器，叫星期五和我一起去对付这些野人。可是往野人所在岸边赶的过程中，曾经动摇过我的想法又占据了我的大脑。我想，他们没有伤害我，我不应该去攻击他们。所以我决定先带星期五观望观望，再作打算。

我们埋伏在野人所在的岸边的一处高地树林里，野人很难发现我们，我们却能够把野人的情况尽收眼底。野人有二十来个，押着三个俘虏。星期五告诉我，那个躺着的俘虏不是他们部落的人，而是坐着小船到他们部落的"有胡子的人"。我大吃一惊，用望远镜一看，那俘虏应该是个欧洲人，

我看清了，是个欧洲人！

你不用望远镜也能看得清~

114

身上穿着衣服。

这时，我已怒不可遏，打定主意要从这群食人族的嘴下救出这个可怜的"老乡"。我迅速向星期五部署了作战计划，聪明又忠诚的星期五马上领会了我的意思。我向那群食人族开了火，星期五也学着我的样子射击。没想到他的枪法比我还好，打死了两个，打伤了三个，而我只打死了一个，打伤了两个。剩下的野人吓得魂飞魄散，从地上跳起来，不知道往哪儿看，不知道往哪儿跑，乱作一团。

我和星期五装好了火药，在我一声令下，我们数枪齐发，野人们吓得像疯子一般乱跑乱叫。我们勇猛地朝着山坡下跑去，我去解救那个可怜的俘虏，星期五则去捕杀那群野人。很快，他们死的死，伤的伤，逃的逃。而我则割开了俘虏身上捆着的坚韧的菖蒲草，询问他的情况。原来他是个西班牙人。我把腰刀和手枪给了他，叫他和我们一起战斗。

最后只有几个野人坐着独木舟逃跑了，星期五在我的允许下准备驾舟去追的时候，却发现独木舟里还躺着一个年迈的俘虏。那人竟然是他的父亲！因此星期五只好先放那几个野人逃走。

我从来没有见过星期五如此兴奋，他小心翼翼地把他父亲从独木舟里抬了出来，又是拥抱父亲，又是大喊大叫，又是大哭大嚎，一会儿又高声大唱，手舞足蹈，活像个疯子。他鞍前马后地准备水和食物，又用甘蔗酒为他父亲按摩肿胀

的脚踝。这份孝心让我也为之动容。

可是这里绝非久居之地，万一被逃回去的野人叫来族人，我们就危险了。回到了我们的大本营，我慢慢问清楚了情况：这群可怜的西班牙人也是遭遇了海难，历经千辛万苦到达了星期五部落所在的大陆。可惜他们的物资都被海水浸坏了，仅存的弹药也都被打猎用完了。他们小心翼翼地生活在野人部落边，缺吃少穿，没有工具，也没有船，还要时时担心食人族危害他们的性命，日子过得苦不堪言。

我想人多力量大，把这群白人接来，我们一起就能造一艘大船回家了。于是我问他，如果把他们都接到我的岛上，他们会效忠于我吗？因为他们人多，我人少，如果他们出尔反尔，把我抓起来，侵占我的财产，我将无力抵抗。那个人

咿呀哈乌拉拉？

向我保证说，如果我能救他们脱离苦海，我就是他们的救世英雄，他们一定会对我感恩戴德，绝不敢有二心。老野人也向我保证，他的族人会看在他的面子上对我热情亲切。我这才放下心来。

还有一件事，原本我一个人在岛上生活，物资充裕，现在一下子变成了四个人，就不得不做些准备和调整。我叫星期五清理掉了野人在岸边留下的痕迹，又和他一起搭建了新的帐篷。我们开垦了新的土地，储备更多的粮食。我又想尽办法把羊群繁殖起来。我叫大家采集葡萄，晒成葡萄干。粮食问题解决后，我带着大家编织藤器，储存粮食。

一切准备妥当，我就派星期五的父亲和西班牙人带着粮食和一些弹药启程，去接那些西班牙人过来。

　　本章讲述的是鲁滨逊和星期五在野人手里救下了一个西班牙人和星期五父亲的过程。你可以思考鲁滨逊在听到野人来袭后到决定接来全部西班牙人的过程中有过哪些担心，想想他为什么会有这些担心。

　　你还可以总结鲁滨逊在救下两人后做了哪些工作来保证他们的生活。想想你的爸爸妈妈要考虑家庭成员的哪些问题，来理解他们承担的责任吧。如果你愿意，可以把你的发现对你的爸爸妈妈讲一讲，看看是否还有没考虑到的地方。

　　一边读一边对自己提问题，把这些问题记录下来，读完以后，看看这些问题你是否都有了答案。

思思勤思考 ❓

　　1. 鲁滨逊在听说有野人上岛后经历了哪些心理变化？你认为作者写这些内容有什么作用呢？

　　2. 请你圈画出描写星期五品质的词句。

　　3. 鲁滨逊对于接西班牙人上岛有什么顾虑？

4. 岛上居民变成四个人后，鲁滨逊带着另外三个人做了哪些工作来保障他们的生活？

拓展思考

1. 鲁滨逊和星期五两个人为什么能从二十来个野人手里成功救下俘虏？

2. 为什么十几个西班牙人都没有鲁滨逊一个人过得好呢？

鲁滨逊，棒棒的!

鲁滨逊叫星期五去海边捉海龟时，发现一伙野人上岛。起初鲁滨逊出于对野人吃同类的憎恨，想要杀掉野人，后来觉得他们没有伤害自己，因此决定先观察。经过观察，他发现野人的俘虏之一是欧洲人。鲁滨逊决定对抗野人，救下俘虏。如果按照以前鲁滨逊的习惯，来了大量的野人，他会选择躲在安全的防御工事里，就不会有后文救下俘虏的故事，正因为有对野人的愤恨和动摇，才发展出他躲在高地上观察的情节。

两个人先用枪打死了几个野人，剩下的野人惊慌失措，自乱阵脚，不知道是什么攻击了他们。紧接着鲁滨逊和星期五勇猛地冲下山坡，继续攻击野人，救下了俘虏。整个过程中，星期五表现出了聪明、忠诚和孝顺，让鲁滨逊大为感动。

鲁滨逊的粮食储备只够他和星期五两个人的，现在成员增加到了四个人，就必须解决他们的生活问题。他们先为两个新成员搭建了帐篷，解决了住宿问题；紧接着又扩大耕地和增加羊群数量，采集葡萄制作葡萄干，解决了吃饭问题；然后还教他们一起编织藤器，解决食物的存储问题。

鲁滨逊打听清楚了西班牙人的情况，他们一行十几个人遭遇了海难，经过了千难万险，流落到了星期五所在部落的大陆上。因为没有物资，没有工具造船，没有粮食，也没有弹药，他们的日子过得很苦。除此之外，还要常常担忧食人族会危及他们的性命。因此如果鲁滨逊能帮助他们脱离苦海，他们一定会效忠于他。而星期五的父亲也担保他的族人一定会善待鲁滨逊，鲁滨逊这才放下心来。

确实**棒棒**的

他想要把这十几个人接到岛上，好和他一起造一艘大船，回到他的家乡，结束这漫长的孤岛求生生活。

鲁滨逊虽然孤身一人流落孤岛，但是他很幸运，几次都能从沉船上获得重要的物资，在这里他也没有遇到毒虫猛兽，更没有势力强大的食人族。他在这里可以按照自己的心意制造工具，耕种粮食，储备食物。西班牙人就没有这么幸运了，虽然他们人多，但是可用的物资非常少，仅有的一点火药也在打猎获取食物时用完了。他们又流落到了食人族的

干掉！

这也不够，那也不够。

部落中，虽然能和平相处，但是要时时刻刻受制于人，担心他们会夺走自己的性命。

送走了西班牙人和星期五的父亲，鲁滨逊能等到大部队的到来吗？这群人真的会像西班牙人保证的那样忠诚吗？

思思练写作！

基础任务

鲁滨逊对待食人族的态度是非常明确的，他非常痛恨这群野人残杀自己的同类而不感到罪恶。他本能地想要除掉这群野人，但是每一次他都产生了犹豫，正是因为这份犹豫，他救下了星期五，又救下了星期五的父亲和西班牙人。你有没有动摇的时候？你是对什么事情产生了动摇呢？你产生动摇时的心理状态是什么样的呢？本章就来练习捕捉内心深处的想法吧！

写作提示

你要交代清楚让你产生动摇的事件是什么，还应该告诉读者你最初的想法是什么，最重要的是生动地描绘出让你产生动摇的原因和新的想法。请一定要告诉读者你的最终选择，以及选择带来的结果。这样才是一段完整、介绍清楚来龙去脉的心路历程，这样读者才能理解你的动摇和选择。

1. 交代事件

你会因为什么事情而动摇呢？是妈妈给你的午饭钱而你想用它来买心爱的文具，还是要为了帮助别人而迟到？放学回家先玩会儿还是先写作业？假期选择去游乐园还是去陌生的城市体验不一样的风土人情？生活中会产生犹豫的事情可太多了，把你产生过动摇的事件写下来吧，从中选择一个你印象最深刻、对你触动最大的事件来写吧。

比如：终于到了1号啦，妈妈给了我这个月的零用钱。我有这么多钱，那些喜欢的东西都可以买了，我太幸福啦！

2. 说说最初的想法

比如：我恨不得马上冲到玩具店，把我眼馋了一个月的机器人小狗给抱回家。虽然它很贵，买了它，接下来的一个月我都不能再买别的东西，但是我管不了那么多了。买了它，我就不会喜欢上别的玩具了，有它陪着我，我一定能做到一个月都不再买别的玩具！

3. 详细描绘动摇的原因

比如：当我兴冲冲地站在玩具店的门口，一股强大的力量拉住了我。夏天来了，超市门口五颜六色的冰饮料仿佛都在向我招手。这个月我最好的朋友小雨要过生日，而我只能给她做一张自制的贺卡表达我的祝福。文具店又摆出了新的笔记本，而我只能看着别人欢天喜地地把它抱回家。我真的要拿一个月的零用钱换一只机器人小狗吗？如果我能再忍一忍，这个月存下一半的钱，下个月再存下一半的钱，是不是还能喝到冰冰凉凉的饮料，还能送小雨满意的礼物，还能在漂亮的新笔记本上做笔记呢？

4. 展示动摇的结果

比如：最后，我还是决定晚一点再满足我的愿望，存一半的钱。我给自己做了一张月历卡，算好了如果要存一半的钱，每天可以自由支配的金额。只要每天的花费不超过这个

金额，我就一定能攒下一半的钱。因为有了明确的目标，每天在月历卡上记下金额的时候，我都为自己的坚持和行动感到高兴。没想到，月末的时候，我竟然攒下了比目标还多的钱。而且我也发现，不喝饮料，喝白开水也很好。用旧的笔记本好好地做笔记，一样有助于学习。送给小雨的礼物他非常满意，看到她开心的样子，我觉得这样做很值得。我慢慢分清了哪些是真的想要，真的值得花钱的，哪些是可以节约的。我对我的成长感到特别满意，我真的太棒了。

　　或者，你还有哪些想写的，梳理一下你的写作思路，试着写一写吧！

哇，我好富有！

拓展任务

流落到大陆食人族部落的西班牙人有十几个，他们没有足够的食物，没有船，也没有造船的工具，只能在食人族的控制下讨生活，过得苦不堪言。相比之下，鲁滨逊一个人在孤岛生活，虽然孤苦无依，但是日子却比他们舒服得多。思考其中缘由，如果你是这群西班牙人的头领，你会想什么办法改善他们的生活呢？

注意：要观点明确，有理有据。

写作提示

西班牙人面临的困境是非常现实的，因此作为这群西班牙人的头领，要做出英明的决策，才能够帮助大家生活得更舒适、更自由。想要做出英明的决策，就需要分析清楚目前的困境。针对目前的困境，再想办法做出改善。这个问题没有标准答案，只要你能根据故事里已有的内容，自圆其说，做到有理有据就可以了。

1. 分析困境

比如：（1）安全问题。虽然食人族能和我们和平相处，但是他们毕竟有吃人的习惯，很难保证他们哪一天不会把人抓过来吃掉。

（2）粮食问题。物资匮乏、粮食短缺，食不果腹，长此以往也会有饿死的危险。

（3）物资问题。遭遇海难，所有的工具都沉入海底，现在过着寄人篱下的日子，没有地方可以获得生产生活必需的工具，缺吃少穿。

（4）心情问题。由于上面这些问题，我们每个人的心情都愁眉不展，情绪低落，这样的苦日子实在是难熬。

2. 分析有利条件

比如：（1）食人族目前能够和我们和平相处，愿意与我们比邻而居，这就是交流谈判的基础。

（2）我们已经掌握了一些野人的语言，能够实现基本的交流。

（3）我们比野人有更多的现代文明，我们能发明创造一

些工具，帮助野人更好地生活。

（4）我们人数比较多，大家团结一心，共同商量，比一个人更有力量。

3. 根据条件想出对策

比如：（1）我们可以跟野人提出交换条件，我们教给野人制作工具的方法，野人为我们提供必要的物资，比如粮食的种子、鸡鸭牛羊等家禽家畜。

（2）我们可以给野人传递文明的概念，慢慢教野人懂得吃人是不对的，这样就消除了生命之忧。

（3）我们还要互相鼓励，开展一些娱乐项目，放松身心，减轻心理负担。我们乐观一些，就能生活得舒服一些。

注意：以上列出的观点仅供参考，你当然可以有自己的

想法。这些观点还需要详细地描绘和说明，启动你的思维，写一篇对策救救你的同伴吧。

思思爱总结

　　本章我了解了鲁滨逊对抗野人又救下两个人的故事。

　　本章我总结了鲁滨逊救下同伴后做的事情和他担忧的原因。

　　本章我完成了写作任务，把我思考的结果记录了下来。

第九章

救了船长夺回船

本章思维训练

　　鲁滨逊和星期五两个人，如何从三十多个人的手里救下船长夺回大船呢？你认为有哪些因素是成功的关键呢？

　　在我送走西班牙人的第八天，又发生了一件意料之外的事。一艘英国小船向海岛驶来，不远处还停泊着一艘典型的英国货船。这里并不是英国商船的必经要道，有船只过来，一定有什么特殊原因。是敌是友，还要仔细观察才能得出结论。于是我们全副武装，继续严密地观察。

　　他们一共十一个人，三个人手里没有武器，不停地做恳求和悲痛的姿势，另外八个人却对他们拳脚相加，之后就四散去探查环境了。这三个人没有被绑，却毫无逃跑的意思，垂头丧气地瘫坐在原地。

　　我和星期五蹑手蹑脚地来到这三个人附近，低声询问他们的情况。为首的把情况一五一十地告诉了我。原来他是那艘大船的船长，另外两个人一个是他的大副，一个是乘客。大船上有人叛变，撺掇水手夺走了大船的控制权，并打算把他们丢在这座无人岛上自生自灭。那八个人手里只有一支枪，另一支枪在小船上。

　　这很好，我有很大把握能救下船长，于是和他定下了两个条件：第一，在岛上期间他不能侵犯我的主权，无条件听从我的调遣；第二，收复大船后免费把我和星期五送到英国。船长痛快地答应了我的条件，我就把带来的枪支弹药分给了船长他们三个。

会不会有**神仙**来救救我呢？

　　船长是个心地善良的人，不愿意把这群人都杀死，于是告诉我哪些是十恶不赦的大坏蛋，哪些他难以判断，哪些是被迫叛变的好人。我们轻而易举地干掉了不远处睡大觉的一个坏蛋，俘虏了剩下分散开的水手，并把好人吸纳到我们这边，为夺回大船并肩作战。

　　为了防止他们驾着小船逃跑，我们把小船凿了个洞，放在了岸上高处。我们还从小船上取下了白兰地酒、糖、吃食和火药，尤其是前两样，我已经很多年没有见过他们了。

　　不多一会儿，大船发出枪响，等待小船回应。他们怎么可能等得到回应呢？不出我所料，大船又放下了一艘小船，上面有十来个人，小船迅速向岸边靠拢。这真是天助我也，因为船长说大船上还有二十六个人，如果不分散他们的火力，光凭我们这几个人，很难和他们较量。现在如果我们能解决这次来的十来个人，再去对付船上的十几个人，成功的可能性就大一些。

请船上水手分批下船，不然我们打不过。

这伙人显然警惕了很多，八个人到岸上侦察，留两个人把小船划到岸边不远处，一旦有情况，可以立即返回大船召唤同伴或者逃走。然而这对我们非常不利。我让星期五带着大副引诱侦察的人往海岛深处走，我们几个则跳上小船，夺取了小船的控制权。随后我们又返回到岸上，向这八个人发起了进攻。我们在暗处，敌人在明处，天色已晚，他们又不熟悉情况，很容易就被我们制服了。

船长对他们说我是这座岛的总督，如果不服从我的命令，就会被杀头。他们不清楚虚实，都信以为真，果然束手就擒。我们清点了能跟我们一起作战的人，一共十二人，剩下的人都被我们分别关押了起来。

我们悄悄冲上了大船甲板，先打倒了二副，又一枪解决了新船长，其他的人自然对我们俯首帖耳。成功收复了大船，我顿时激动得站不起来，有了这艘船，我就可以去任何想去的地方了。突如其来的喜悦让我险些晕倒在地，幸亏船长给我灌了些酒提神，又安抚了我的情绪，我这才恢复过来，失声大哭。

我太高兴了！！！

　　我以总督的身份安排好了那些犯了死罪的俘虏，把他们留在了岛上，把我的住所、工具、种子、方法都留给了他们，又给西班牙人留下了信。一切都安排妥当了，我就带着星期五和为数不多的金钱登上了返回英国的航船。我鲁滨逊，在孤岛上生活了二十六年两个月零十九天，终于要回到我原来的世界去了。

本章讲述的是鲁滨逊和星期五两个人拯救船长，收回大船得以返回英国的故事。这一章节的过程非常曲折生动，你可以梳理鲁滨逊作战的整个过程，体会他完成任务的艰辛与不易。

这么艰巨的任务能够完成，一定有很多原因。你还可以在故事中圈画关键句，总结他能够完成任务的原因。

一边读一边对自己提问题，把这些问题记录下来，读完以后，看看这些问题你是否都有了答案呢？

思思勤思考 ?

1. 这艘英国小船和大船为什么会来到海岛附近？

2. 鲁滨逊为什么和船长订下两个约定？

3. 鲁滨逊救下船长，收回大船经历了哪些过程？

拓展思考

1. 你认为鲁滨逊为什么激动得差点晕过去？

2. 你认为鲁滨逊能救下船长、收回大船的原因有哪些？

星期五发现海岛附近驶来一艘大船和一只小船，鲁滨逊认得这是英国的船。船上有人叛变，俘虏了船长和大副，并把他们和一个旅客带到这座他们以为的无人岛上，想把他们丢弃在这。鲁滨逊愿意救船长他们的性命，并帮他们夺回大船的控制权。但如果他们不听从他的话，他就会陷入危险之中。如果夺回大船的控制权，他就不必自己造船出海，直接搭乘船长的大船回到英国。船长答应了他的条件，他就把枪支弹药分配给了这几个人。他们五个人打倒了附近的敌人，又俘虏了分散在岛上的敌人，巩固了夺船行动的成果。

他们破坏了小船并把它藏了起来。大船又派了第二艘船来。鲁滨逊他们与船上的十个人，用声东击西、各个击破的策略拿下了第二艘船，俘虏了第二艘船上叛变的坏人。紧接着鲁滨逊集结了十二个人去对付船上的十六个人。打倒了叛变的二副，又除掉了新任船长，顺理成章地夺回了大船的控制权。

鲁滨逊对海岛的地形了如指掌，船长心地善良，愿意给那些被迫叛变的好人一个机会，因此他们能够最大限度地吸纳队友，扩大实力。大船上每次都只派一部分人登岛侦察，让鲁滨逊他们能够各个击破。在第二伙人准备回去的时候，

新下船的水手往前走，
自己把自己绑起来！

鲁滨逊又急中生智，派星期五和大副在岛屿深处发出叫喊，吸引他们往深处找寻，这才让他们有了先夺船后俘虏的机会。对于鲁滨逊和船长等人来说，这是生死存亡的冒险，他们一定会全力以赴，毫不退缩。因此，他们能够以少胜多，完成如此艰巨的任务。

下船先迈哪条腿来着？

鲁滨逊已经在岛上孤单地生活了二十八年之久，返回故乡的机会近在眼前，这怎么能不让鲁滨逊激动发狂？

鲁滨逊回到大陆上又是如何安身立命的？他的亲人还在不在？他的财产还有多少呢？

思思练写作

基础任务

在原文中，船长以为他们到的是一座无人岛，因此当鲁滨逊和星期五出现在他面前时，他甚至激动地问鲁滨逊是人还是天使。鲁滨逊不仅让他免于在无人岛上饿死，还帮他打败了叛变的手下，夺回了大船的控制权，夺回了原本以为会失去的一切。因此船长非常感谢鲁滨逊。请你以船长的视角，给鲁滨逊写一篇文章，告诉他：有你，真好！

写作提示

你可以思考这些问题：船长为什么感谢鲁滨逊？他们共同经历了哪些对于船长来说是刻骨铭心的事情？船长看到了什么、听到了什么、想到了什么？如何向鲁滨逊表达这种感谢之情才能够让他感受到自己的真情实感呢？

1. 开门见山表达感谢

比如：我诚挚地感谢您，鲁滨逊先生。在我以为自己就要走投无路的时候，你像天使一样降临在我的身边，用亲切的话语向我传递着拯救我的意愿。是你让我看到了活下去的希望，是你让我远离了死亡和绝望。我想由衷地对您说一句："有您，真好！"。

2. 详细描述感谢的原因和经历的事件

你可以回忆鲁滨逊和船长都经历了哪些事情。

比如：（1）鲁滨逊给了我枪支，让我掌握了和敌人抗衡的条件。

（2）鲁滨逊带领我们迅速制服了押解我们的人。

（3）鲁滨逊听从我的建议，筛选出了十恶不赦的坏蛋和可以回心转意为我们所用的人。

（4）鲁滨逊用出色的计谋扭转了危局，成功把第二波上岛的敌人分散开，先夺下了小船，又俘虏了剩下的敌人。

（5）鲁滨逊指挥我们登上了大船，消灭了叛徒头领，控制了大船。

（6）鲁滨逊假扮总督，说服叛变的水手留在岛上，解决了带他们回英国存在的风险问题。

注意：以上仅为列举出的事件梗概，你可以挑选其中几件对船长来说最重要、最值得感激鲁滨逊的事，详略得当地描绘出来。

3. 表达感谢之情

你可以直抒胸臆，表达内心的感谢和感动，也可以运用侧面描写，衬托出你的感谢之情。

比如：每次回忆起这件事，我都仿佛置身于孤岛，那种盼望到了救星的兴奋感还充满着我的心中。即使说上一万次"感谢"，也不能完全表达我对您的感谢之情。而今我所拥有的一切，都提醒着我，这都是鲁滨逊先生的功劳，我才能够享受到。如果不是您，我可能至今还在孤岛上为生存而东奔西走。也有可能早就葬身孤岛了。我是因为您的善良而存活下来的人，我也愿意传递您的善良，在别人需要帮助的时候伸出援助之手。我想，这个世界上，像您一样的人越多，就会有越多像我一样的人得到拯救。我永远感念您的勇敢、智慧和天使一般的善良。感念您的恩德，无以为报，只能写一封言辞恳切的信给您，以我今后的行动来彰显您的善行。

或者，你还有哪些想写的？梳理一下你的写作思路，试着写一写吧！

拓展任务

在原文故事中，船长听说鲁滨逊只有两个人，加上自己这边三个人，一共就五个人，不太相信就凭他们五个人能够夺回大船的控制权，因此信心不足，不愿意冒险。鲁滨逊鼓舞了船长等人的士气，最终船长等人如愿以偿。如果你是鲁滨逊，你打算如何鼓舞船长的士气呢？把你的想法写一写吧！

写作提示

要想说服别人相信你，愿意听从你的劝导，达到鼓舞士气的效果，你可以打消对方的顾虑；你还可以让对方看到成功的希望或可能性；你甚至可以让对方更加渴望成功。你可以先思考对于船长来说，最大的顾虑是什么，为什么他觉得希望渺茫。你还可以从鲁滨逊的角度思考，成功的因素有哪些。你也可以让船长感受到放弃和坚持会产生不同的结果，让船

长产生强烈的抗争欲望。最后你再说说具体的计划，让船长
感觉到计划可行，再说一些鼓励的话，船长就一定能坚定信
念，跟你一起完成任务。

1. 打消顾虑

比如：船长先生，我知道你担心我们人少，如果鲁莽行
事，一定会被他们抓住，到时候他们一定不会再放过我们。
不过你放心，没有人比我更熟悉这里的地形，我已经在这里
修建了非常严密的防御工事。再说，现在并不是所有的人都
到了岛上，岛上只有不到十个人，还各自分散着。这对我们
是非常有利，因此我们胜算很大。而且，你还告诉我这群人
并不是个个都坏，他们中的大部分人都是被强迫叛变的，那
么就是说，我们可以把他们俘虏过来，他们就
能为我们效力。你看我们有这么多有利条件，
你再也不是手无寸铁、任人宰割的羔羊，现在
你有枪支弹药傍身，还担心什么呢？

2. 增强信心

比如：我可以告诉你，处在我这个境遇中，已经没有什么
更坏的境遇了。如果我们能成功，你就能驾驶着你的大船，
我们安安全全、舒舒服服地回到英国。即使失败，我们也没
有什么好失去的，本来你不努力尝试就必然在孤岛上饿死。

有什么理由不拼一把呢？

再说，敌人在明我们在暗，他们对岛上的环境一无所知，而我已经在这座岛上生活了二十几年，我不敢说这里的一花一木都熟悉，但是哪里的地形适合伏击，哪里的环境适合包抄，我们可以把他们引诱到岛屿的哪里，我都了如指掌。这么跟你说吧，凡是上岸的人，都将成为我们的俘虏，他们是死是活，全凭他们的态度！

3. 鼓舞人心

比如：你想一想，我们拥有这么多优势，而对方压根儿不知道我们的存在，也不知道岛上发生了什么情况。天马上就黑了，我们可以先叫星期五和大副一起到岛屿深处叫喊，把探查的人吸引过去，我们拿着枪到小船上去，先占领小船，好坐船去攻打大船。然后我们再去支援星期五，到时候天黑光线不好，我们躲在茂密的森林里，包抄他们岂不是易如反掌？我们可以夸大一下队伍的人数，吓唬他们，争取不费一颗子弹就把他们都抓起来，再把那些好人拉拢到我们的阵营里，这样我们就能和船上的坏蛋势均力敌了吗？其实这个计划没有你想象的那么难，只要我们想好对策，利用自身的优势，就一定能取得成功。难道你不想再驾驶着这艘大船回到家乡吗？难道你不想找回你的财富和家人吗？而要在这孤岛上，像我一样过二十几年野人般的生活？你说说，是不是值得拼一把？

注意：以上列出的观点仅供参考，你当然可以有自己的想法。梳理一下你自己的思路，表达你自己的见解吧！

别念啦，我同意反抗啦！

！@#乚%……

思思爱总结

本章我了解了鲁滨逊救下船长、收复大船，最后得以回家的故事。

本章我总结了鲁滨逊完成整个救人、收船计划的过程。

本章我完成了写作任务，并把我思考的结果记录了下来。

第十章

长途跋涉收财产

本章思维训练

鲁滨逊离开家乡已经三十五年了，他可以留在英国颐养天年，可以回到巴西经营他的种植园，还可以继续出海。根据你对鲁滨逊的了解，你认为他会做出什么选择呢？

时隔三十五年，我再次踏上了英国的土地。然而沧海桑田，我的父母家人都已经离世，只找到了哥哥和妹妹留下的两个孩子。他们以为我早已不在人间，所以并没有给我留下任何遗产。好心的船长把我救他的事迹告诉了船主，他们感念我忠勇，特此奖励我200英镑。

我想起了在巴西还有一处种植园，那是和第一次救我的那位老船长合伙经营的。看来，我必须得去一趟巴西了。

在里斯本，我找到了这位好心的老船长。他告诉我，我的两位财产代理人都已经过世了，现在我的财产由他们的儿子代为管理。他可以给我提供这么多年来的详细账目，如果我想把属于自己的财产找回来，那是能够办到的，只是已经做慈善捐赠出去的财产，则无法追回了。我表示理解，毕竟这么多年杳无音信，可靠的老船长还能把我的账目打理得明明白白，我真的非常感谢他。因此，我许诺：当我把财产找回来后，每年将拨付一笔钱作为他的养老费用，以报答他这么多年对我的帮助。

理清了账目，我成了有5000英镑现款的富翁，且每年还有1000英镑以上的进账。有了这笔钱，我的后半生应该是没有什么后顾之忧了。我无意留在巴西经营种植园，所以现在的问题是：我该如何返回英国？

我已经是个**身无分文**的富翁了！

这一次，说什么我也不想乘船，便选择了陆路。一路上没什么故事好讲，只有当我们从西班牙往法国走时，遭遇了大雪封山。生活在热带的星期五从来没见过雪，可把他吓坏了。向导说："大雪过后，土地冻得结实，可以通行，只是要多带武器，因为狼群在雪天找不到食物，一定会袭击我们。"

我们前进了不久，就冲出三只凶猛的大狼，后面还跟着一头熊。狼来势凶猛，冲上来就把向导拖倒在地，我们都没反应过来。幸亏星期五身手敏捷，冲到向导跟前，打死了狼，救下了向导。紧接着，星期五故意戏耍那头健壮的大熊，我们起初心惊肉跳，后来看到大熊根本不是星期五的对手，又开怀大笑起来。这真是紧张惊险的旅途中为数不多的放松时刻。

天色渐黑，我们必须要在天黑之前穿过峡谷，到达峡谷另一头的小镇，否则夜晚的森林就是猛兽的天下了。我们快马加鞭来到了一块林间的空地上，心都提到了嗓子眼，因为

这里是最容易遇到狼群的地方。

果不其然，地上躺着一匹死马，十几头狼在旁边啃着死马。想悄悄经过怕是很难，因为此起彼伏的狼嚎声在耳边响起，不多一会儿就有上百头狼朝我们扑来。我们相互靠拢排成一行，我下令："一半人开枪，一半人装弹，交替进行射击。"刚放了一排枪，狼群就被吓退了。然而未及喘息，数百头狼围攻过来。幸亏这里堆着一批木料，我们赶紧把木头架起来当作围墙，把马匹围在中央，还像刚才一样轮流放枪。可是狼群数量太大了，只靠放枪根本击退不了它们。我们只好点着了木材，再尽可能地高声吼叫。一批又一批的狼企图越过火墙，袭击马匹，都被我们击退了。慢慢地，群狼在火光、枪声、叫喊声和不断倒地的同伴哀嚎中退去。此时，我们已经放完了最后一批子弹。

我们冲到受伤的狼跟前，挥刀乱砍，那些暂时后退的狼群听到惨叫声，吓得跑远了，再也没有回来，我们这才得以脱身。还好后面没再遇到其他危险，我们平平安安地到达了英国。

我卖掉了巴西的种植园，把我的财产托付给一个信得过的老妇人打理，在她的劝告下安稳地生活了七年，领养了两个侄子，一个分给他产业，一个托付给了一位船长。后来我结了婚，有了孩子，可惜妻子早逝。我再次以商人的身份踏上了旅程。

我又去过一次曾经生活过的小岛，保留了岛屿主权，把土地分配给了留在岛上的俘虏和后来上岛的西班牙人，并给他们带去了物资和工匠。至于我后来十多年的惊险遭遇，以后再讲给你们听吧。

本章讲述的是鲁滨逊回到英国后又到巴西处理财产，回程途中勇斗饿狼的故事。这一章节惊心动魄，你可以圈画出他们一路上都遇到了哪些危急时刻，体会路途的艰辛和鲁滨逊的勇敢机智。

你还可以总结概括他回到文明世界后对自己的生活做出的安排，体会他的人物形象。

一边读一边对自己提问题，把这些问题记录下来，读完以后，看看这些问题你是否都有了答案呢？

思思勤思考 ?

1. 鲁滨逊为什么要启程去巴西呢？

鲁滨逊和星期五在回程中遇到了哪些艰险？他们是如何应对的？

2. 鲁滨逊从巴西回家后选择过什么样的生活？

拓展思考

1. 你认为鲁滨逊还会继续航海吗？为什么？

鲁滨逊回到英国后发现亲人都离世了，也没有给他留下任何财产，他唯一能获得财产的地方就是巴西的种植园。他在岛上生活了二十八年之久，种植园的经营情况能得多少钱、曾经的合伙人和财产代理人还在不在世都不知道，因此他必须到巴西去一趟。

到了巴西，幸运地发现老船长还健在，两个人弄清楚了账目，鲁滨逊不愿意留在巴西生活，就决定启程回英国。他不想走水路，而选择了陆路。在从西班牙到法国的一段路上遭遇了大雪封山，本以为无法通行，有人说路已经冻实，可以过去，只是野兽出没，需要带上武器。他们进山以后果然遭遇了狼群。

第一波是三头狼与一头熊，第二波是百十来头狼，第三波有几百头狼。他们且战且走，又借用林边堆放的木材作掩护，烧起了熊熊烈火，加上合理安排放枪和高声大吼大叫，才逼退了狼群。他们又砍杀受伤的狼，它们发出的惨叫声让狼群再也不敢靠近，他们这才安然无恙地到达了小镇。

回到英国，鲁滨逊把财产托付给信得过的人，也曾享受过天伦之乐。妻子死后他又旅行了一次，到达了曾经生活过的孤岛。现在那里已经住了很多人，他把土地分给了那些

人，又给他们带去了物资和工匠。故事到这里就结束了，他今后的生活会是什么样的呢？

思思练写作！

基础任务

在原文中，鲁滨逊是在老妇人的强烈建议和竭力劝阻下，才在英国安安稳稳地住了七年。她是救鲁滨逊的那个船长的妻子，也是鲁滨逊多年的好朋友。现在你已经完成了《鲁滨逊漂流记》的全部阅读，对鲁滨逊的航海经历有了非常清晰全面的认识，你对鲁滨逊的了解不亚于这位老妇人。如果老妇人请你给鲁滨逊写一封信，帮她劝阻鲁滨逊再次出游，你会怎么写呢？

把你的想法列出来，条理清晰地劝说鲁滨逊吧！

写作提示

这个任务有明确的目的，就是帮老妇人劝说鲁滨逊不要再出海航行了。因此你需要找到劝说鲁滨逊的理由，并且是有道理的，能让人信服的。"晓之以理，动之以情"，你可以从情感的角度去劝说，也可以从事理的角度去劝说。劝说他人要真诚，只有真诚，对方才会被你打动。注意你的身份，你是一个对鲁滨逊的故事非常了解的人，就像鲁滨逊素未谋面的朋友一样，现在就请你化身为鲁滨逊的朋友，好好劝劝他吧！

1. 自我介绍

虽然你对鲁滨逊很熟悉了，但是他对你还一无所知，想要让他听从你的劝告，就从自我介绍开始吧。注意，别忘了写信的格式哟。

比如：

敬爱的鲁滨逊先生：

您好。虽然您不认识我，但是我已经是您的"老朋友"了。现在我向您作个简单的自我介绍，这样您也就认识了我。我叫多奇，是一个11岁的小学生。我读了您从第一次登上甲板航海出行到现在为止全部的故事，对您的经历和感受了解很深。我非常敬佩您的冒险精神和您在遇到危险的时候表现出来的智慧和勇敢，我想您的独特经历是绝大多数人都没有机会体验的。对您来说，经历了生死的考验，也经历了漫长的等待。因此，我想冒昧地劝您一句，您实在不必再出海冒险了。

2. 有条理地说明原因

比如：（1）鲁滨逊已经充分地体会过航海的魅力了，再出海不过是经历的重复。

（2）鲁滨逊可以再去尝试其他的生活方式了，比如留在家乡组建家庭。

（3）鲁滨逊年纪大了，体力也不如年轻时，曾经经历的危险对现在的他来说，危险系数更高了。

（4）鲁滨逊离开家乡已经三十五年，如果留在家里就可以好好欣赏家乡的风景。

（5）鲁滨逊已经把财产的问题都解决了，不必再做长途旅行。

（6）人生短暂，不应该只把精力花在一件事上，应该多作尝试。

......

注意：你也许还有很多其他的理由，选择你认为最重要的几个理由，详细解释这些理由，就可以起到劝说鲁滨逊的效果了。

3. 可以做个假设

你也可以帮鲁滨逊设想如果不航行，他会过什么样的生活，来吸引鲁滨逊的注意。

比如：您在外漂泊多年，现在可以安稳地生活，享受家庭的温馨。想象一下，将来您会有一位妻子，您给她讲过去的故事，她全神贯注地倾听，为您的惊险遭遇而紧张，为您的成功而喜悦，这是您在荒岛上多么渴望的一幕。再说您已经拥有了很多财产，可以让您生活得很好。您还可以结交志同道合的朋友，也可以把自己的航海经历写下来，让更多人读到您的冒险故事，被您的冒险精神感动。您还可以发展一些新的爱好，发现生活中的另一种美好，您还没有尝试过，不要着急拒绝，不如去尝试尝试，说不定会有意想不到的收获呢。

4. 写一个真诚的结尾

比如：感谢您愿意耐心地读到这里，如果我的建议还有一些可取之处，不妨先放下行囊，照我给的建议尝试一下。我作为您忠实的读者和朋友，由衷地希望您能过得幸福美满。无论您做何种决定，别忘了给我回信，让我知道。

真诚的多奇

20××年×月×日

注意：以上列出的观点仅供参考，你可以有自己的想法。梳理一下你自己的思路，表达你自己的见解吧！

拓展任务

根据你对鲁滨逊的了解，你认为鲁滨逊会听从老妇人的建议，安安稳稳地在英国生活吗？现在请你根据自己对鲁滨逊性格和想法的了解，续写《鲁滨逊漂流记》的故事，为鲁滨逊安排一个最有可能的结局吧。

写作提示

想要续写故事，就需要对原有故事的情节非常熟悉。原有故事的结尾，鲁滨逊又去了一次他被困的海岛，给岛上的人带去了物资和工匠，给他们分配了土地，同时自己保留了岛屿的主权。原文最后说"我个人后来十多年的惊险遭遇"，他又经历了什么样的惊险遭遇呢？惊险遭遇之后，他又拥有了怎样的结局呢？展开合理想象，为鲁滨逊续写一段故事，把你心目中的鲁滨逊的结局分享给大家吧。

注意：续写故事的口吻要和原有故事要保持一致哟。

1. 情节接续

比如：从海岛回来，我的心又躁动不安跃跃欲试起来。这期间，我忠诚的朋友——替我管理财产的老妇人去世了。我的孩子们也都长大了，我就把财产托付给了较大的侄子，由他帮我管理财产我很放心。正好我为侄子买了一艘船去航海，不如和他一起再游历一番。而且有了上一次的经验，我立好了遗嘱交给了他，如果我遭遇不测，如何分配我的财产在遗嘱里写得清清楚楚了。如果没有我去世的确切消息，他就要帮我保管好我的财产。

一切安排妥当，我就又踏上了航程。

2. 设计新的情节

鲁滨逊出海航行还可能遭遇哪些惊险的事情呢？

注意：新的情节最好和已有情节不同，这样才更有续写的价值。

比如：他可能在做生意的时候碰到了强盗，身受重伤，差点在当地丧命。

他可能遭遇了地震，被掩埋在建筑物下面，幸亏他的侄

航船才是我的家。

子没有放弃，找到了他。

他也可能遭遇船员的叛变，引发了流血事件，鲜血引来了饥饿的鲨鱼群，鲨鱼差点咬死他的侄子。

他还可能在风暴中迷失了方向，偏离了航线，来到了中国，大开眼界。

……

只要你续写的故事是有可能发生的就可以。赶紧展开想象，创编属于你的鲁滨逊的故事吧！

3. 安排新结局

比如：鲁滨逊九死一生逃回了英国，休养生息，直到终老。

鲁滨逊感受到地震给人带来的危害，捐赠物资帮助当地灾民，从此爱上了慈善事业。

鲁滨逊帮助侄子平定叛乱，又从鲨鱼口中救出了侄子，继续航行，直到再也没有人听到他的音信。

鲁滨逊来到中国，被中国博大精深的文化震撼，立志要把中国文化带回英国，成了个"中国通"。

注意：以上列出的观点仅供参考，你当然可以有自己的想法。梳理你自己的思路，表达你自己的见解吧！

思思爱总结

本章我了解了鲁滨逊回到英国后如何处理财产的故事。

本章我总结了鲁滨逊穿越雪山、大战狼群回到英国的过程。

本章我完成了写作任务，把我思考的结果记录了下来。

整本书读写专题①

曲折离奇的冒险经历

本章思维训练

　　读完鲁滨逊的整个冒险经历，你能够梳理概括出他经历的重重磨难吗？从中能看出他具有什么样的形象特点吗？

我第一次航行是 19 岁的时候，不听父母的劝告，登上了开往伦敦的船。可是我们的船刚一驶出恒比尔河往海里去，就遇到了风暴。风暴刚平息，我就又快乐起来了。这可把第一次航海的我吓坏了，在惶恐不安的心情下，我一次次地发誓，只要能让我平安回到陆地上，我一定马上回到父母身边，今生今世不再出海。航行的第六天，我们又遇到了更大的风暴，我们的船沉了，被路过的船救起。

我本该吸取教训回家，可我还是上了一艘前往几内亚的船，还和船长成了好友。他教我航海的数学知识和方法，教我记航海日记，观察天文。这是我唯一一次成功的航行，我赚了不少钱。就是这一次，我也得了热病。

船长朋友回伦敦不久就去世了，原来的大副做了船长，我又上了这艘开往几内亚的船。这次，我们遭遇了海盗。我们战斗力低下，一败涂地，全部被俘。我因为年轻机灵，成了海盗船长的奴隶，过了两年苦不堪言的生活。

后来，我趁主人疏忽大意，备好了食物、弹药，脱离了他的掌控，逃命成功。猎取了兽皮，得到了野人的馈赠，还帮他们杀了虎视眈眈的黑豹。我被路过的大船收留，船长收下了我手里的货物，给了我不少的钱，将我送到了巴西。我在这里学习了种甘蔗和制糖的方法。我先种粮食后种烟草，

你看，明天什么天气？

我还是问问天气预报吧。

四年时间，已经积累了大量的财富。

有几个种植园主和商人想要从几内亚买些黑奴来，于是撺掇我帮他们管理货物，经办交易事务。我立好了遗嘱，安排好了财产，就上了船。这下我们遭遇了风暴，除了我之外，船上所有人都遇难了。而我则流落到了无人岛上。

当时我身上有一把小刀、一个烟斗和一小匣烟叶，除此以外别无他物。我要在海岛上生存下去，需要的物资可太多了。我需要一个能遮风挡雨安全舒适的住所，需要有足够的食物和营养，我需要衣服、工具，大到家具，小到锅碗瓢盆，我什么都没有。很难想象，我一个人要在孤岛上怎么生存下去。

天不亡我，在我上岛的第二天，看到我乘坐的大船搁浅在不远处的海边。我设法到大船上找到了一些有用的物资，一次一次地往岛上搬——面包、奶酪、肉干、麦子等粮食；

163

各种酒、衣服、木工的工具箱和另外的一些工具；保存完好的枪支弹药；绳索、帆布、钉子、斧头和磨刀的砂轮等工具；钱币、刀叉、纸笔和墨水；一些观测和测算的仪器如罗盘、望远镜、日晷（guǐ）、地图和一些书。另外，还有一条狗和两只猫。

虽然我从大船上获取了很多重要的物资，但是缺少的物品更多。我需要但没有的物品我就自己造，造不了的我就找别的东西来替代。总而言之，我幸运而又孤寂地在岛上生活了二十八年之久。

直到我发现这并不是一座无人踏足的孤岛，野人会偶尔光顾这里，举行他们残忍的仪式。我救下了一个野人，给他起名叫"星期五"，他成了我重要的帮手。后来我们又从野人手里救下了他的父亲和一个西班牙人。后来偶然的机会，我们又救下了一位船长。我们凭借着智慧和勇气，逐步夺回了大船的控制权，清除了反叛的坏蛋。这也让我结束了二十八年的漂泊生活，得以返回家乡。

"到乡翻似烂柯人"，我回了家乡，父母兄弟都已不在，为了找回财产，我又动身前往巴西。回程不想乘船，我选择了陆路，却碰到了大雪封山后狼群肆虐的情况。我和同行的伙伴们一起智斗狼群，度过了惊险刺激的一晚，好在后来平安归来。

我领养了两个侄子，也组建了自己的家庭，安稳地过了七年。妻子去世后，我又乘船到了原来生活过的岛屿，为岛上我救下的居民带去了工具和工匠，帮助他们重建家园。而我，又增添了一些惊险的遭遇，这以后再讲吧。

阅读冒险小说时，你可以总结概括主人公的遭遇，这样就能形成对主人公经历的总体认识，从而更全面地概括主人公的形象和特点。

你还可以分析主人公的选择和行为，从中体会主人公的特点。

一边回顾全书，一边对自己提一些情节上的问题，有助于你对全书的情节的掌握。你提出了哪些新的问题？把它们记下来，梳理情节后试着解答吧。

思思勤思考 ?

1. 根据上文故事内容，填写第一行的空白处，梳理鲁滨逊的遭遇。

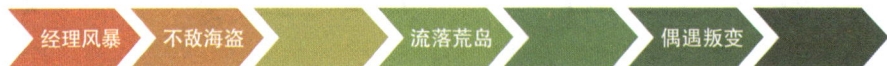

经理风暴 ▸ 不敌海盗 ▸ ▸ 流落荒岛 ▸ 偶遇叛变 ▸

2. 回顾鲁滨逊的经历，在下面写下他每次遭遇的结果。

▸ ▸ ▸ ▸ ▸ ▸

3. 请你结合鲁滨逊的遭遇和结局，说说鲁滨逊具有什么样的形象和特点。

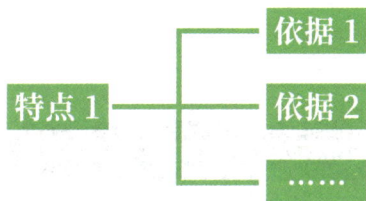

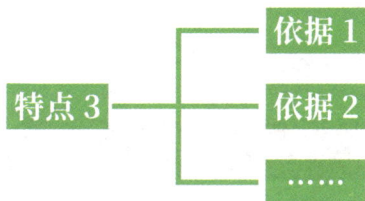

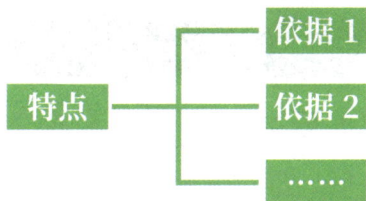

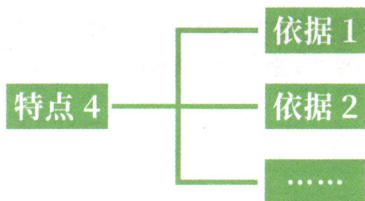

特点1 —— 依据1 / 依据2 / ……

特点3 —— 依据1 / 依据2 / ……

特点 —— 依据1 / 依据2 / ……

特点4 —— 依据1 / 依据2 / ……

拓展思考

在这些经历中，你认为哪段经历最惊险？为什么？

思思助理解

1.

经历风暴 ▶ 不敌海盗 ▶ 遭遇海难 ▶ 流落荒岛 ▶ 对抗野人 ▶ 偶遇叛变 ▶ 智斗狼群

2.

继续航行 ▶ 趁机逃跑 ▶ 奋力求生 ▶ 积极适应 ▶ 如愿救人 ▶ 救人夺船 ▶ 平安归来

注意：以上答案仅供参考，只要意思对即可。

3.

乐于冒险 机智勇敢 不怕困难 坚强执着 ……

乐于冒险：鲁滨逊的航行生涯并不长，但几乎每一次航行都遭遇了风险，即使如此，鲁滨逊依然热爱航海，继续挑战自然，这是一种乐于冒险的精神。鲁滨逊不满足于海岛上自给自足的生活，想要回到家乡，因此跃跃欲试准备登上大陆。鲁滨逊宁愿放弃山谷里舒适的生活环境，也要住在海边，说明他不放弃希望。

机智勇敢：比如他被海盗抓去做奴隶，他一直找机会逃跑，说明他善于观察，能够抓住时机。他计划严密周全，准备好了逃跑所需的物资，最终逃出。他在救星期五和救出船长并帮助船长夺回大船控制权的过程中，善于利用周围的自然环境，让星期五把敌人引向岛屿深处，自己带领船长控制小船，再返回来包抄敌人，趁着天黑夸大自己的实力，不费吹灰之力就俘虏了敌人，逐步完成任务，最终实现自己的目标。再比如在智斗狼群时，他指挥大家分批放枪，保证始终有火力输出，击退狼群。

这么夸我，我怪不好意思的。

坚强执着，不怕困难：鲁滨逊遭遇挫折时没有自怨自艾，没有轻易放弃，而是凭借着自身的努力战胜环境。在孤岛上，他放弃了环境较好、适宜居住却远离海边的住所，选择住在环境较差的海边，就是为了有一天，过往船只能够发现他，帮助他回到家乡。他缺少很多必要的工具，但是他都凭借自己的尝试和努力弥补了不足。比如他偶然发现了大麦和稻谷的种子，通过他对天气的观测，总结出了旱季和雨季，成功种植出了粮食，吃上了面包；比如他没有光源，逐渐积累经验，炼制出了纯净的羊油，实现了夜晚的照明；比如他学着烧制陶器，拥有了很多厨具……这类的例子不胜枚举，这都说明他具有不怕困难，坚强执着。

鲁滨逊经历的这些遭遇，每一次都有可能危及生命，因此无论你选择哪段经历都可以，但是要条理清晰、有理有据地表达出你的观点。如果有机会，给身边的人讲讲你了解到的鲁滨逊的故事吧，说不定他会因为你的精彩讲述而对这本书感兴趣呢。

以上结论仅供参考，你可以根据自己的发现，用自己的话来概括总结，只要言之有理即可。具体的例子还有很多，只要列出的例子是准确，能够证明鲁滨逊的形象特点即可。

让我看看，我怎么这么好？

思思练写作！

基础任务

你的好朋友听说你最近读完了《鲁滨逊漂流记》，非常好奇这是一本什么书，请你用简短的语言为你的好朋友介绍故事梗概，根据本章内容，试着写一写吧！

写作提示

所谓的梗概，指的就是粗略的、大概的内容、要点。首先，你可以概括《鲁滨逊漂流记》是一本什么样的书。接着你可以回顾本章内容，想一想鲁滨逊经历了哪些挫折，把它们按照事件发生的先后顺序列出来。其次，你可以把每次经历的结果说清楚。然后你可以把它们连起来，用一些连接词，展现它们的顺序。最后，你可以修改文段，让文段读起来连贯自然完整清晰。

1. 了解书籍信息

《鲁滨逊漂流记》的作者是英国作家笛福，这本书首次出版于1719年，根据当时的真实故事改编而成。苏格兰一位水手与船长发生争执，被放逐荒岛，四年后才被营救回国。笛福就根据这个故事，改编成了《鲁滨逊漂流记》。故事的主人公名叫鲁滨逊·克鲁索。这本书描绘的就是鲁滨逊离家航海的数次惊险曲折的经历。

请你根据以上内容，简要介绍这本书的信息吧。

2. 按照顺序，梳理情节

回顾本章内容，说说鲁滨逊经历了哪些遭遇，结果如何。

注意：写故事梗概不是列表格，要用连贯的语言把这些情节串联起来，不能只留下小标题。介绍故事梗概也不是复述故事，不能事无巨细地描绘，因此需要去除"枝叶"留下"主干"，用最简短的语言概括故事的情节。

经理风暴 ▶ 不敌海盗 ▶ 遭遇海难 ▶ 流落荒岛 ▶ 对抗野人 ▶ 偶遇叛变 ▶ 智斗狼群

比如：鲁滨逊19岁时，第一次登船准备前往伦敦，刚驶入大海就遭遇了严重的风暴，把他吓得魂飞魄散。获救后，他又上船前往几内亚。这一次他碰到了海盗，当了两年海盗的奴隶……

3. 连贯词句，完整表达

你可以为他的每段经历加上时间长短，还可以适当地介绍遭遇的惊险情况。这样读者也更能够感受到主人公的经历和了解主人公的人物形象。

比如：他终于找到机会逃出海盗的手掌，被好心船长带到了巴西，用四年的时间经营了一座种植园。他受其他人撺掇，要乘船到几内亚去，途中遭遇海难，其他人都命丧大海，只有他幸运地来到了一座荒岛。他在岛上独自生活了二十八年，在物资匮乏的情况下，用自己的双手创造了较为舒适的生活环境。后来他救了一个野人，起名叫"星期五"。他又和星期五一起救下一位船长，帮他夺回了大船，这才得以回国……

注意：尽管整本书中大多数的篇幅都在介绍鲁滨逊在孤岛上克服重重困难的过程，但是在介绍梗概时，不应该详细描绘他面临了哪些具体的困难，也不必详尽地介绍他克服困难的方法。这些就是故事的"枝叶"，而不是"主干"。当"枝

多亏了你们。

要好好保护啊。

叶"增加过多，梗概就会变长，读者就会失去兴趣。因此一定要选择重要的情节进行概括。

当你完成这篇梗概时，千万别忘了从头到尾读一读，再修改、完善，让你想要表达的内容更清晰准确。然后就可以试着给你身边的人讲一讲啦，看看他有没有掌握故事的主要内容，再听一听他的建议，修改你的梗概。

思思爱总结

本章我了解了《鲁滨逊漂流记》的主要故事情节。

本章我通过梳理情节，总结了鲁滨逊的人物形象。

本章我完成了写作任务，学会了写故事梗概。

丰富多彩的内心世界

本章思维训练

　　没有什么比心理描写更能直观地感受人物的内心世界了。读一读本章内容，想一想他的日记展现了哪些与上一章不同的内容。

1659 年 9 月 30 日

登岛第二天。那只大船已随涨潮浮起，并冲到了离岸很近的地方。这大大出乎我的意料。使我感到快慰的是，大船依然直挺挺地停在那儿，没有被海浪打得粉碎，可以想办法上船去弄些物资。但是想到那些失散了的伙伴，我又深感悲伤。倘若昨天我们全船的人不下小艇，仍然留在大船上，大家必定会平安无事，这时就可安全抵达陆地。我也不会像现在这样，孤苦伶仃，孑然一身了。现在悲伤于事无补，还是想想怎么上船去弄些食物和日用品来救急吧。

1659 年 10 月 31 日

我感到自己的前景暗淡。有时我不禁怀疑，苍天为什么要这样对待自己所创造的生灵，害得他们如此命运多舛，如此孤立无援，又如此沮丧寂寞呢？在这样的环境中，有什么理由要我们认为生活是一种恩赐呢？

可是每当我这样想的时候，立刻又有另一种想法出现在我的脑海里：如果我没有枪支和弹药，没有制造东西的工具，没衣服穿、没床睡觉，甚至没有东西吃，我又该怎么办呢？现在这些东西我都有，我相信，我这一生绝不会受冻挨饿，因为我早就考虑到各种意外，考虑到将来的日子，不但考虑到弹药用尽之后的情况，而且想到我将来体衰力竭之后的日子。

1661 年 9 月 30 日

我上岛两周年了，整整一天，我怀着谦卑和感激的心情，追念上帝给我的种种恩赐。直到现在，我才充分意识到我现在的生活比过去幸福得多。我现在完全改变了对忧愁和欢乐的看法，我的愿望也与过去大不相同，我的爱好和兴趣也变了。与初来岛上相比，甚至与过去两年相比，我获得了前所未有的欢乐。

1663 年 9 月 30 日

上岛的第四年的日子过去了。现在我一无所求，因为我所有的一切，已足够我享受了。我只能使用对我有用的东西。我已经够吃够用，还贪图别的什么呢？总之，事理和经验使我懂得，世间万物，只要有用处的，就是最宝贵的。任何东西，积攒多了，就应送给别人。我们能够享用的，至多不过是我们能够使用的部分，多了也没用。与当初上岛相比，我不仅生活舒适，而且心情也安逸。我已学会多看自己生活中的光明面，少看生活中的黑暗面；多想自己所得到的享受，少想所缺乏的东西。

1683年3月某日

登岛二十四年后，我回顾了自己在岛上的经历。来到岛上的最初的几年，我过着无忧无虑的快乐生活。来岛十五年的时候，我发现了人的脚印，过着焦虑、恐惧、忧心忡忡的生活。现在我获得了一个启示，如果想摆脱一个人的孤岛生活，唯一的办法就是尽可能弄到一个野人。

1684年某月某日

登岛二十五年，我救下了一个野人。虽然我不明白他说的是什么，可我听起来感觉特别悦耳，这是二十五年来第一次听到别人对我说的话。我对他非常满意，并决定教会他做各种各样的事情，使他成为对我有用的助手。现在，我的生活变得顺心多了，我甚至对自己说，只要不再碰到那些食人族，哪怕永远不离开这个地方，我也不在乎。

1686 年 12 月 18 日（根据船上的日历）

偶然的机会，我救下了一位船长，他答应我，如果我帮他夺回大船，他会免费送我和星期五回英国。我带着"星期五"，帮助船长杀死了反叛的新船长，处置了利欲熏心的坏蛋，夺回了大船的控制权。完成任务的那个瞬间，我被突如其来的喜悦冲昏了头脑，好半天说不出话。如果不是船长抱着我，我早已倒地不起了。喝了几口船长递过来的酒，我缓和了一些，但心中悲喜交加，我失声大哭，好一会儿才能再开口说话。

上天一次又一次地在我身上显示奇迹，我怎么能不怀着衷心的感激之情呢？不再多写了，处理完岛上的俘虏的事情，我就要启程回英国了。阔别了三十五年的英国，我回来了。

　　《鲁滨逊漂流记》的一大特色就是在惊险刺激的情节中穿插大量心理描写。这些心理描写能够真实地展现人物的内心世界，帮助我们理解人物的心路历程和形象特点。因此，你可以对照上一章梳理的情节，找到章节中心理描写的片段，在回顾情节的同时注意体会主人公的内心世界。这样你对人物形象的理解就会更加全面、完整。

　　你还可以关注他产生不同心理的原因，品味小说中对人物的精妙刻画。

　　一边回顾全书，一边对自己提一些心理描写相关的问题，有助于你对人物细微心理和全面形象的把握。你提出了哪些新的问题？把它们记下来，梳理内容后试着解答吧。

思思勤思考

　　1. 根据本章故事，用你自己的话说说鲁滨逊上岛后的心态有哪些变化？

初上岛时	
上岛两年后	
上岛四年后	
上岛十五年后	
上岛二十五年后	
上岛二十八年后	

2.鲁滨逊的心理描写中有很多值得品读的细节，你能找出几处来说说你读出了他怎样的心理吗？你从中看出鲁滨逊是个什么样的人呢？

拓展思考

1.结合上一章的内容，你会如何评价鲁滨逊这个人呢？

思思助理解

1.

初上岛时	悲伤不已，却努力勉励自己面对现实
上岛两年后	感谦卑与感激；恩拥有的一切，感受到了前所未有的欢乐
上岛四年后	感到满足，积极乐观
上岛十五年后	焦虑恐惧忧心忡忡，担心野人会威胁他的安全
上岛二十五年后	生活顺心如意，感到幸福愉快
上岛二十八年后	悲喜交加

注意：你可以在故事中圈画关键词并填写在表格里，也可以根据你对故事内容的理解来总结概括。以上答案仅供参考，不一定要用相同的词句表达，意思相同，言之有理即可。

2. 示例：

"我又深感悲伤……现在悲伤于事无补，还是想想怎么上船去弄些食物和日用品来救急吧。"

鲁滨逊刚刚流落荒岛，又见到昨天的大船，物是人非，内心悲伤。但是他能很快调整自己，关心眼前，体现了他的理智和强大的适应能力。这份适应能力让他能够在荒岛生活中迅速改造环境，提高生活质量，使他在荒岛上生活得很好。

"我相信，我这一生绝不会受冻挨饿，因为我早就考虑到各种意外，考虑到将来的日子。不但考虑到弹药用尽之后的情况，甚至想到我将来体衰力竭之后的日子。"

无论是给自己选住址还是修建严密的防御工事，或者是安排枪支和弹药的收藏，都能体现出鲁滨逊的深谋远虑。他一方面接受了也许会在岛上长期生活的事实，为自己将来有可能面临的情况做好充足的准备；另一方面又不放弃回家的希望。这份居安思危的智慧让人钦佩。

"我现在完全改变了对忧愁和欢乐的看法，我的愿望也与过去大不相同，我的爱好和兴趣也变了。与初来岛上相比，甚至与过去两年相比，我获得了一种前所未有的欢乐。"

尽管鲁滨逊一个人在孤岛上求生，物质条件依然匮乏，但是他能够适应这种孤岛生活，还改变了自己原来的想法，变得欢乐、感恩，甚至改变了爱好和兴趣，体现出了惊人的适应能力和积极乐观的心态。正是这份心态，他才能把自己的荒岛生活安排得井井有条，生活得越来越好。人并不是只有在舒适的环境中才能快乐，乐观积极的人即使面对逆境也能收获幸福。

注意：原文中有大量的心理描写，面对不同情况，事情处于不同阶段，鲁滨逊的心理时时刻刻都在发生着变化，因此只要找到相关的语句，学会准确分析鲁滨逊的心理和形象即可，不必追求全面。

← 家庭富足
← 乐于冒险
← 乐观坚强

到这里，你就已经能够拼凑出鲁滨逊较为完整的形象了。他虽生于富足的家庭，但是不满足于平静的生活，个性刚强，乐于冒险。他屡遭磨难却坚韧不拔、不怕困难，同时又积极乐观，具有超强的适应能力。他用深谋远虑和未雨绸缪的智慧经营着荒岛生活，直到最后得以离开孤岛返回家乡，真是令人钦佩。

思思练写作

基础任务

即将合上《鲁滨逊漂流记》与它暂别，你的内心已经有了数不清的感受和感慨吧？有一种方法能把你最真实的感受留下来，那就是写读后感。可别小瞧了它，它可是你思维成长的里程碑。未来的某一天，当你再读这本书时，你会从读后感中清晰地看出成长的痕迹。所以，写下你最真实的感想吧。

写作提示

除了简要介绍本书的主要内容外，你还可以写对故事情节设计的感想，可以写对人物形象的评价，可以写语言风格的感受，可以写某种写法的好处，可以写你读出了什么样的主题，也可以写它和其他作品的对比，还可以写你读到的内容

再埋一个。

对你生活的启发……可以写的角度太多了，你的感想可能也很多，最重要的是筛选出几条你最想写的、感受最深的，把它呈现给你的读者。相信你已经学会了怎样写读后感，本章的写作提示就带你一起练习写不同的感想内容吧。

1. 写故事情节

比如：作者的情节设计十分巧妙，他在写遇到船长时，先写星期五跑来报告海上有船的消息，又写他一改往日全副武装再冲出防御工事的习惯，穿着睡衣，手无寸铁就跑出去瞭望了。这一切只是因为星期五说船的样子和野人的独木舟不同。这对于鲁滨逊来说，就意味着很有可能是有同类出现，能把他带回人类社会。这是鲁滨逊的夙愿，怎么能不激动？这个情节为后文鲁滨逊救船长埋下了伏笔。故事里还有很多埋伏笔的小细节，能在阅读过程中发现这些小细节是我读书的乐趣之一。

注意：你既可以从小的细节入手写感想，也可以从整体的情节设计出发，探讨你的发现。

2. 写人物形象

比如：鲁滨逊太了不起了，他总是能够通过细心观察周围的环境，总结出有用的经验，改善自己的生活。他能在短时间之内就观察出岛上的气候，分辨出雨季和旱季，并且根据不同的物候季节决定播种时间，保证了粮食大丰收，让他吃上了面包。他观察到山羊的视线总是向下，这是为了方便山羊找到丰沛的草料，因此他站在高处狩猎，就总是能猎到山羊。他利用羊的油脂做出了纯净的羊油灯，在漆黑的夜晚也能有光亮。就是因为他善于观察周围事物，善于总结规律，才能让他在物质这么匮乏的情况下生活得越来越好。

3. 写读出的主题

比如：通过鲁滨逊一次次的冒险和在荒岛上一次又一次的尝试，我感受到了人类探索自然，顺应自然，利用自然的过程。大自然的风暴让一批又一批的水手失去了生命，但是人类探索自然的脚步却从来没有停止过。要是鲁滨逊安于现状，就不会知道海岛中央水草丰美、果树成林，丰富自己的食谱。要是鲁滨逊安于现状，就不会了解海岛地势、水势，也就无法利用地势、水势战胜叛变的水手，夺回大船。鲁滨逊就像人类的一个缩影，正因为我们的祖先对大自然不断探索，我们才能发现那么多大自然的规律，我们才能顺应大自然的规律，利用大自然的规律，让我们的生活更丰富，文明更发达。

也许你还有其他想要表达的角度，但最重要的是把你最想表达的内容说清楚。写完以后再读几遍，把它修改到文字通顺、意思清楚为止，然后读给你身边的人听吧。也许他们会惊诧于你思想的深邃、思维的缜密呢。

思思爱总结

本章我感受到了鲁滨逊的心理变化。

本章我通过分析心理描写，丰富了鲁滨逊的人物形象。

本章我完成了写作任务，学会多个角度写读后感。